U0069532

穿梭兩岸密使群像

迢迢
密使路

陳三井 著

代序／我為什麼要研究兩岸密使？

　　個人主要研究興趣在政治人物史和外交史。在歷史舞台上，人物永遠是啟動風雲的主角，令人依依難捨。外交史的研究是我的「最愛」，雖說「弱國無外交」，但外交官能夠在外交玷壇上展現無礙辯才，折衝樽俎，為國爭光，何其難得？我特別不喜歡研究經濟史，除了本身素養不夠外，也直覺認為數字和表格，加上各種曲線圖，太枯燥乏味。我也不喜歡搞制度史，因為太單調刻板，了無生趣。同樣的，我也不想治軍事史或戰爭史，雖然古人常說：「兵者，國之大事，死生之地，存亡之道，不可不察也。」但「兵者，凶也」，戰爭的殘酷，傷亡的慘重，真叫人觸目驚心，翻開古今中外史冊，斑斑可考，所以實在不願碰。

　　最近我迷上兩岸密使。首先，該給「密使」下個簡單的定義，畫個範圍。「密使」在英文裡有emissary、secret envoy兩字，或亦包含messenger（傳話者、信差），或commissionaire（經紀人、掮客）等，但絕非從事特務活動專搞破壞的secret agent，那是電影裡007式的傳奇情節，精采刺激有之，恐怕未必真實。

　　論密使身分，種類繁多，有軍人，有民意代表（立法委員），有媒體工作者，有學者教授，有中研院院士，有政治掮客，有宗教領袖，亦不乏外國政治首腦，不一而足。他們的身分雖然不同，但大前提（無論主動或被動）旨在促成兩岸和平發展和統一，與目前兩岸的情勢發展息息相關。故這是個有待開發的研究專題，當然就成為我退休後怡情養性的新興趣所在。

3

　　大約兩年多前，我開始撰寫自兩蔣時代以來，歷經李登輝、陳水扁兩位總統，那些穿梭兩岸，為政治領袖帶信、傳話，甚至參與兩岸事務祕密談判的使者群像，共得十七篇，以「舊庄居士」為筆名，陸續在華僑協會總會的雙月刊——《僑協雜誌》上發表，如今已到了收網、集結成書的階段。付梓前，除了重新校訂增補以外，並增列兩岸主要參考著作近百種，藉此拋磚引玉，企望海內外有志一同，大家合力來灌溉這一塊新園地，讓它樹茂花香，美不勝收！

　　感謝秀威公司主編蔡登山的支持和鼓勵，本書始有和大家見面的機會。林弘毅先生全程幫忙輸入電腦並製作參考書目等工作，洪仕翰先生負責編輯，均備極辛勞，在此一併致謝！個人能力有限，本書不足之處，尚祈海內外方家不吝賜教是幸！

陳三井　謹識

2016年6月15日於南港四分溪畔

目 次

代序／我為什麼要研究兩岸密使？ 3

第一章：李次白到上海投石問和談路 .7

第二章：宋宜山大陸行為和談「摸底」 13

第三章：曹聚仁穿針引線大陸行 21

第四章：章士釗為兩岸和談鞠躬盡瘁 31

第五章：沈誠充當密使為北京傳送「密函」 39

第六章：廖承志公開致書蔣經國為兩岸和平統一 47

第七章：旅美學人穿梭兩岸忙 59

第八章：新聞工作者的兩岸統一夢 71

第九章：中央研究院院士的中國情結 81

第十章：兩岸調人李光耀促成辜汪會談 89

第十一章：星雲大師的兩岸佛緣 97

第十二章：北京傳話人南懷瑾傳奇 103

第十三章：蘇志誠充當李登輝密使大曝光 111

第十四章：李登輝訪問康乃爾大學衝擊兩岸 121

第十五章：李玉階兩度致函鄧小平 129

第十六章：李登輝密使曾永賢的北京任務 137

第十七章：陳建中北京行傳達的訊息 145

附錄一：廖承志致蔣經國公開信 151

附錄二：蔣夫人致承志世侄公開信 155

主要參考書目 159

作者著作目錄 165

第一章：李次白到上海投石問和談路

一、主人翁其人其事

有關李次白的資料不多，亦不完整，據其妻許念婉女士發表在《傳記文學》[1]的回憶，加上若干書籍和一些網路資料拼湊所得，大致可歸納如下：

他是四川人，出身黃埔軍校第六期（1926），與戴笠（騎兵科）為同期同學。在校時為當時軍校教育長張治中所器重。畢業後，一直在戴笠麾下工作（找不到名字），出生入死，奮不顧身。戴笠於1946年在南京岱山飛機失事後，李毅然脫離軍籍，於台灣光復後舉家來台，先受委於台灣省菸酒公賣局長李卓之在局內任職，以興趣不合而辭去，由乃兄出資在台北開設「天府酒家」。1947年二二八事件時，酒家被燒毀，外省籍大廚被殺。嗣又到高雄與當地要塞司令部友人合資開設「凱歌歸飯店」，直至1950年受命赴大陸時為止。

二、兩岸破冰之旅

1950年5月初，國防部總政治部副主任胡偉克[2]等三人（另二人

7

為陸軍司令部和戰車司令部的政治部主任）到高雄「凱歌歸飯店」
訪問李次白，並說明來意，「由於美國總統杜魯門宣布台灣海峽中
立化，不再支持蔣總統反攻大陸，台灣面臨共軍的威脅，因為你是
大陸華東軍區司令陳毅的姻親，蔣主任有意派你去上海見陳毅，商
談和平統一的事。」

根據程思遠主編的《中國國民黨百年風雲錄》記述，胡偉克開
門見山的說：「目前黨國的處境非常困難，而美國總統杜魯門乘人
之危，說什麼『不予蔣保護』，任其自生自滅。美國人要看蔣總統
的笑話，目前我們如在火山之巔。經國主任既被倚長城，當然更加
深感不安。次白兄，令妹是陳毅的大嫂子，這就是請你和共產黨對
話的資本，你如能出山，到大陸走一趟，就等於救了我們的性命，
不，應該說是整個黨國的命運。」[3]

蔣經國為什麼要選派李次白赴大陸試探和平？根據李妻許念
婉的分析，理由有三點：第一，李次白一向忠黨愛國；第二，李次
白一向跟隨戴笠從事冒險犯難的祕密工作，經驗豐富；第三，最重
要的是陳毅的哥哥陳孟熙是李次白的七妹婿。他早年與陳毅也有來
往。陳孟熙原來也是國軍將領，後來投誠了解放軍。[4]前兩項是必
備的條件，第三項則是以陳毅為對象的考慮。

同年5月底，蔣經國主任在台北市青田街一號胡偉克公館約見
李次白。李妻許念婉雖也同去，但不能參加他們的談話。事後胡偉
克告訴許念婉，李次白到大陸後，只能寫信給她，再由她交給胡。
他們已約好以「表妹的婚事成否？」一語代表和談的成敗。

據《風雲錄》透露：蔣經國對李次白說：「現在談國共合作，
我看希望不大，共產黨席捲大陸，躊躇滿志。幸金門一仗，全殲搶
灘登陸的共軍，顯示了國軍潛在的威力，尚不容小看。你和陳毅是
至親，我看可以深談，最低限度，希望不進攻台灣。」李次白畢竟
是國民黨人，他考慮到蔣經國對自己的信任，也想到這一使命的成

功將有利於國家和民族，同時也想去看望分別多年的妹妹和妹夫，於是欣然接受了去大陸的使命。

李次白應允之後，蔣經國又說：「這次請你出馬，並非我的意思，而是胡偉克他們三位的設計，以後諸事均直接與胡連繫。」[5]

同年6月初，李次白乘輪赴港後，胡偉克每月發給李家新台幣五百元生活費，並說，在浙西抗日的雙槍王八妹來台後，政府也按月發給生活費五百元，表示發的錢不能再多。自1950年6月起，李次白一家六口（育有三男二女）就靠這五百元過活。

三、在上海和陳毅一席談

同年5月下旬，李次白離開台灣先到香港，再由香港轉赴上海，並在上海很順利地見到了妹妹和妹夫。妹夫陳孟熙得知李次白來意後，即打電話告訴時任上海市長的陳毅，說李有事相商。陳毅（1901-1972），四川樂至人，1919年8月赴法，參加勤工儉學，1921年10月因參加佔領里大事件被遣送回國。回國後長期從事共產黨的軍事工作。陳毅正準備赴北京參加中共七屆三中全會，得知消息後，便在百忙中抽出時間會見李次白。

根據中共解密的資料，李次白到上海以後，由妹夫陳孟熙引見，受到陳毅的熱情接待。一番客套後，言歸正題，李次白便轉達了蔣經國的和談意願，希望兩岸和平統一，走上民主自由的道路。最低限度，大陸現在不要進攻台灣，免得兩敗俱傷。李次白要求陳毅將以上的意思轉達給北京方面。

對李次白轉達台灣方面希望重開國共談判的信息，陳毅顯然沒有思想準備。作為中共中央委員和人民解放軍的高級將領，他知道目前中共中央所考慮的是如何以武力進攻台灣，消滅國民黨殘餘

勢力，解放台灣的問題，還沒有考慮過與國民黨重開談判的問題。因此，陳毅十分乾脆地說，「國共合作的話題，為時尚早，現在先不提，以後還有機會。」陳毅向二人分析了海峽兩岸的形勢，介紹了大陸政治好轉的國民經濟狀況，他最後說：「孟熙兄和次白需要立即進革命大學學習……哦，我還要請次白吃飯，歡迎他回來。至於台灣嘛，讓它爛下去！」陳毅說的「爛下去」是隱指不久即將攻台，把台灣打爛的意思，因為1949年7月及同年年底，劉少奇、毛澤東曾先後訪俄，已獲得蘇聯允諾以一億五千萬美元的貸款裝備中共海軍，並提供兩百架戰機及人員訓練以攻佔台灣。這時正是陳毅準備大舉犯台的時候。但李次白的理解是「中共暫不攻打台灣，讓台灣自己爛下去的意思。」

根據青石的一篇文章透露，在中共投入了大量的人力、物力和金錢，積極為解放台灣做準備的同時，北朝鮮同樣也投入更大的力量，為統一朝鮮作準備，並得到史達林的支持。一位英國官員曾說，蘇聯鼓勵朝鮮內戰的目的，就是要阻止中共奪取台灣，免得引起美國干涉。韓戰爆發之後，美國派出第七艦隊，確保台灣及台灣海峽的中立化，防止戰爭蔓延。在毛澤東看來，美國的這一行動，無異救了國民黨的命。美國同時宣布將出兵南韓，中國東北邊防以及可能增援朝鮮的問題日益緊迫，中國戰略重點也被迫轉向東北地區。至此，中共進攻台灣的準備工作逐漸停頓下來，以至最終不得不在事實上放棄了這一作戰計畫。[6]

四、密使的悲慘命運

李次白到上海後，先後寄回兩函，第一封說「表妹的婚事已成」，表示他已完成了使命。在第二封信中還附了一張他在陳毅家

花園與陳毅兄弟合攝的照片。這兩封信都按原先的約定轉交給胡偉克。

其後，李次白繼續留在上海，表面上探親訪友，遊山玩水，實際上是在等中共方面的消息，希望國共兩黨對重開談判的問題有所決定。詎料6月25日，韓戰爆發，兩天後，美國第七艦隊與第十三航空隊進駐台灣海峽，宣布台灣海峽中立化，兩岸互不侵犯。台灣既不再受戰爭威脅，就透過胡偉克令李次白暫留待命，相機行事。不久，李次白隨即以「國特」罪名關進青海大牢四年，刑滿後又被放逐於四川老家，作為所謂「專政」對象，施以勞改批鬥者二十六年，至1980年被驅逐出境而抵香港，他雖屢次申請返台想和久別的妻子團聚，台灣卻以叛國罪不准其入境，甚至認為他在大陸多年，一言一行均有統戰意識，何況還主張與共產黨第三次合作。[7]因而流落香港八年，有國、有家而歸不得，終於1988年抑鬱而終，帶著一腔遺恨離開了人世。

註釋

[1] 李許念婉初稿，萬廣年校編，〈蔣經國密使李次白到上海與陳毅談和〉，《傳記文學》第72卷第4期。

[2] 胡偉克（1910-1973），江西萍鄉人，出生英國倫敦。畢業於黃埔軍校第六期、中央航空學校第一期。歷任空軍飛行員、中央航校教官、中國駐德國大使館武官、空軍總指揮部交通處副處長、空軍軍官學校分校（駐印度）主任。入英國皇家空軍研究院學習。1946年，任空軍軍官學校校長。後到臺灣，任總政治部副主任兼政工幹部學校校長。

[3] 程思遠主編，《中國國民黨百年風雲錄》（延邊大學出版社，1994.10），中冊，頁1968-1969。

[4] 同註1，頁60。

[5] 同註3，頁1969。

[6] 青石，〈1950年解放台灣計劃擱淺的幕後〉，《百年潮》，創刊號（1997）。

[7] 高文閣主編，《台灣與大陸風雲四十年》（吉林文史出版社，1991），頁43。

第二章：宋宜山大陸行為和談「摸底」

一、周恩來接見馬坤一席話

　　1956年3月16日，周恩來接見李濟深前衛士長、英國人馬坤說：「你是一個熱愛中國和中國人民的人。我們歡迎你來，你到台灣去，請你向蔣介石或你的其他朋友轉達幾句話：首先，你可以向他們說，蔣介石是我們的老朋友，他認識毛主席，也認識我。我們同他合作過兩次。最後一次談判是在南京，那是1946年，那次談判破裂以後，接著打了三年內戰，至今還沒有結束。但是，中國共產黨人從來沒有說，我們永久不再談判。我們從來沒有把和談的門關死。任何和談的機會，我們都歡迎。我們是主張和談的。既然我們主張和談，我們就不排除任何一個人，只要他贊成和談。蔣介石還在台灣，槍也在他手裡，他可以保住。主要的是使台灣歸還祖國，成為祖國的一個組成部分。這就是一件好事。如果他做了這件事，他就可以取得中國人民的諒解和尊重，而這件事也會像你所說的那樣載入歷史，中國共產黨講話是算數的，我們說的話是兌現的，我們從不欺騙人。」[1]

二、章士釗帶信到香港

也就在這種背景下，透過周恩來的安排，章士釗（行嚴，湖南長沙人，1881-1973）於同年春天帶著中共中央給蔣介石信來到香港，會見了台灣派在香港負責國民黨文宣工作，主持《香港時報》的許孝炎。許孝炎（1906-1980），字伯農，湖南沅陵人，北京大學預科，旋升英文系肄業。抗戰期間，連任第一、二、三、四屆國民參政員，1948年當選第一屆立法委員。大陸易手後，中央為加強港澳地區反共宣傳，特創辦《香港時報》，以許為董事長兼社長，歷時二十餘年，經常奔波於台港之間。

章士釗與許孝炎都是湖南同鄉。抗戰時期，兩人同為參政員，交往密切，關係甚好，這次他們在香港重逢，分外親熱，亦感嘆良多。章士釗向許孝炎大談中共以和平方式統一祖國，實現第三次國共合作的設想與誠意，並拿出中共中央給蔣的信，委託他親手轉交蔣介石。

在給蔣介石的信中，中共提出的辦法是：除了外交統一由中央處理外，其他台灣人事安排、軍政大權由蔣介石管理，如台灣經濟建設資金不足，中央政府可以撥款予以補助；台灣社會改革從緩，待條件成熟，亦尊重蔣介石意見和台灣各界人民代表進行協商；國共雙方要保證不做破壞對方之事，以利兩黨重新合作。信中結尾說：「奉化之墓廬依然，溪口之花草無恙。」希望蔣介石能在祖國統一後回故鄉看看。[2]

三、許孝炎的回應

　　許孝炎知道事情重大，即從香港飛回台北，親手將中共中央的信交給蔣介石，並將他與章士釗會談的情況做了報告。蔣介石聽後，再展開信件，反覆看了幾遍，長時間默默無語，他思考的可能是「奉化之墓廬依然，溪口之花草無恙」兩句話，但當面未做任何指示，許孝炎只好默默退出。

　　一年之後，1957年初，蔣介石突然又召許孝炎回台北，與他進行了長時間的密談。蔣介石認為：「基於『知己知彼，百戰不殆』的原則，針對中共發動的和平統一攻勢，決定派人到北京一行，了解中共的真實意圖」。至於人選，不擬自台灣派出而在海外選擇，並讓許孝炎推薦人選。許孝炎根據蔣介石的原則，經過反覆斟酌，決定在留居香港的立法院的人員中挑選。他認為立法院是國民黨中央的民意機構，從中挑選人到大陸，身分比較靈活。[3]於是他提出了三個人選，請蔣介石做最後決定。

　　第一位是童冠賢（1894-1981），名啟顏，字冠賢，生於河北省宣化縣，天津南開大學專科畢業後，公費留學日本早稻田大學，並參加孫中山領導的革命組織，1925年回國後，擔任北京大學教授，抗戰期間，任中央大學教務長兼充國民參政會參政員、監察委員。1948年1月當選立法委員，嗣任立法院長，大陸淪陷後，避居香港，任教於崇基學院。[4]

　　第二位是陳克文（1898-1986），廣西岑溪縣人，廣東高等師範畢業，畢業後加入國民黨，投身革命事業，1925-1927年間，他先後在粵省黨部、中央黨部和農民部任職。1935年進入行政院擔任參事。1948年當選立法委員，在大局風雨飄搖中臨危授命，出任立

15

法院秘書長，但不久即辭去祕書長職務，在香港定居，編輯《自由
人》半週刊。[5]

第三位是宋宜山，湖南湘鄉人，早年畢業於南京中央黨務學
校，曾被派赴英國倫敦大學留學，歸國後曾任中央訓練團講師、中
央政治學校教授。1948年當選立法委員，國民政府遷台後，在香港
定居。

同時，許孝炎找到每個人交底，告知是蔣介石交辦的特殊任
務，並要求答覆是否願意接受。宋宜山、陳克文表示願意從命，童
冠賢則加以拒絕。

四、宋宜山雀屏中選

許孝炎到台灣後，向蔣介石遞交了人選名單及其對特殊任務所
持的態度，請蔣介石拍板定案。蔣在宋宜山和陳克文二人之間，經
過一番比較，最後確定派宋宜山赴大陸。

蔣介石之所以選擇宋宜山，可能基於以下幾個考慮：

1. 宋宜山是蔣的學生，從南京中央黨務學校畢業後，派往英
   國留學，歸國後一直在中央黨部工作，被認為比較忠於蔣介
   石，並對黨忠貞。
2. 宋宜山是立法委員，屬中央民意代表，身分比較靈活。
3. 宋宜山的胞弟宋希濂是國民黨高級將領，被解放軍俘虜後，
   關在戰犯管理所改造，宋宜山若到北京去，可以說去探親。
4. 宋宜山是湖南人，而中共若干主要領導人如毛澤東、劉少
   奇、李維漢等也都是湖南人。中共中央派往香港活動的章士
   釗也是湖南人，利用鄉情進行對話，比較方便。[6]

五、宋宜山在北京會見了周恩來

　　許孝炎回到香港後便安排宋宜山赴大陸，並告訴宋宜山，唐生智的弟弟唐生明將協助他完成任務。唐生明對宋宜山來說並不陌生，他們兩早在國民黨南京政府時期就認識，因為都是湖南人，在香港的湖南同鄉會聚會時也常見面。唐生明是位活躍在國共兩黨之間的人物，1950年他到香港做生意，這時他已回到北京，任國務院參事室參事。

　　這樣，繼李次白之後，宋宜山便奉命於1957年祕訪中國大陸。

　　宋宜山接受台灣方面的使命後，就積極準備回大陸的各項事宜，其中最關鍵的是要與中共的上層取得聯繫。為此，1956年6月宋宜山找到剛從大陸返回香港的程思遠，向他說明來意，並希望程思遠能幫忙為他聯繫回大陸的途徑。

　　1957年4月，宋宜山以探望弟弟宋希濂為由辦好各種手續，從香港經廣州順利回到北京。在站台等候和迎接他的是湖南老鄉唐生明。唐生明把宋宜山安頓到新僑飯店住下後，就告訴他一個十分值得興奮的消息，過兩天周恩來要請他吃飯。

　　宋宜山在飯店裡休息了兩天，等待著與周恩來會面。第三天，周恩來請他到北京著名的東興樓吃飯。

　　宋宜山一走進餐廳，周恩來逕直朝他這邊走來，與他親切握手，並表示歡迎他來北京。

　　見面後，周恩來告訴宋宜山，他讓唐生明接待，是因為你們是老鄉，前幾年在香港還見過面，十分熟悉。同時，周恩來還談到唐生明跟共產黨做朋友的歷史很長，早在1927年大革命失敗，中國共產黨處境十分困難的時候，就得到唐生明的同情和支持，並在南

昌起義和秋收起義中提供過槍枝彈藥和其他物資，還營救和掩護了一些傷員。對唐生明與共產黨有這樣一段歷史關係，宋宜山還是首次聽到。宋宜山也向周恩來介紹了國民黨方面對唐生明的看法，特別提到抗日戰爭時期，唐生明為了執行「特殊任務」，打到汪精衛漢奸政府裡去，忍受了各種誤會和委屈，為國家和民族做了許多工作，受到國民黨方面的肯定，特別是受到蔣介石的讚賞。

隨後，他們把話題轉到了國共和談問題。宋宜山提及台灣方面派他來的目的就是了解中共對和談的意向。周恩來意味深長地說，總的來說，在中華民族大家庭裡，我們都是一家人嘛。抗戰勝利在重慶談判的時候，蔣先生說，大革命的時代，國共兩黨的同志們曾在一個屋裡開會，共一個大鍋吃飯。我希望我們還會再一起合作。具體的問題，李維漢先生跟你商談。

最後，周恩來提到了在立法院與宋宜山共事的童冠賢。周恩來說，當年自己在國外留學時很苦，曾得到過童冠賢的幫助，希望宋宜山回香港後一定轉告童冠賢，歡迎他回國定居。

六、統戰部長李維漢開出了具體條件

根據周恩來的安排，中共中央統戰部部長李維漢不久會見了宋宜山，並代表共產黨方面與台灣派來的宋宜山進行了會談。

李維漢提出了中國共產黨關於國共和談及其未來合作的具體意見，這些意見是：

1. 國共兩黨通過對等談判，實現祖國的和平統一；
2. 台灣可作為中國政府統轄下的自治區，實行高度自治；
3. 台灣地區的政務仍歸蔣介石領導，中共不派人干預，而國民黨可派人到北京參加對國家政務的領導；

4. 美國軍事力量撤離台灣海峽，不容許外國干涉中國內政。

李維漢還表示，國共兩黨要先在香港進行談判，如能實現，他將率團前往。對中共所提條件，宋宜山沒有表示異議，他說回台灣後，將向蔣介石報告，並為促成兩黨談判而努力。[7]

七、宋宜山不討喜的報告

由於宋宜山訪問大陸的任務僅僅是了解共產黨對台灣以及對國共合作的真實意圖，僅僅是「摸底」而已。因此，宋宜山不敢表態，也不能為這次會談提供任何台灣方面的意見。

會談後，宋宜山專程到功德林戰犯管理所探望了胞弟宋希濂，並得到宋希濂不久將被特赦的喜訊。在唐生明的陪同下，宋宜山參觀了四季青高級農業合作社、石景山鋼鐵廠，還遊覽了故宮、頤和園等文化古蹟。

宋宜山在北京停留兩週後，於5月初返回香港。回港後，他將這次赴大陸的情況，翔實地寫了一份一萬五千字左右的詳盡報告給台灣當局。報告主要內容為：（一）他與周恩來、李維漢的見面及商談，中共方面關於國共和談及國共合作的四條具體意見；（二）他赴大陸後沿途及到京的耳聞目睹的欣欣向榮的新氣象；（三）提出他個人對國共和談問題的意見和看法。他在報告最後寫道，我認為，中共意圖尚屬誠懇，應當響應。大陸從工廠到農村，所到之處，但見政通人和，百業俱興，民眾安居樂業，與中共魚水相依。

宋宜山的這份書面報告，由許孝炎帶回台北面呈蔣介石。據宋宜山後來對程思遠說，蔣對宋宜山在報告中對大陸方面的頌揚很反感，就把這件事擱置了起來。

1957年，大陸反右鬥爭展開，宋宜山再沒有去大陸。

註釋

1. 中共中央文獻研究室編，《周恩來年譜，1949-1976》（中央文獻出版社，1997），上卷，頁559。
2. 劉衛林編著，《國共對話祕錄，1949-1979》（台北：靈活文化公司，2006），頁111。
3. 黃修榮著，《國共關係史》（廣東教育出版社，2002），下卷，頁2101。
4. 詳細經歷，請參閱劉紹唐主編，《民國人物小傳》（傳記文學出版社，1992），第13冊，頁307-309。
5. 詳細經歷，請參閱陳方正，〈編者序〉，收入氏編，《陳克文日記，1937-1952》（中央研究院近代史研究所出版，2012），上冊。
6. 黃修榮著，《國共關係史》，下卷，頁2102。
7. 同上註，下卷，頁2104。

第三章：曹聚仁穿針引線大陸行

一、「謎樣人物」曹聚仁

比起前一、二篇所談的李次白、宋宜山，曹聚仁的傳記資料較多，已知的有《自由報人——曹聚仁傳》（盧敦基、周靜合著）[1]、《曹聚仁研究》（李勇著）[2]、《曹聚仁傳》（李偉著）[3]、《曹聚仁：微生有筆月如刀》（丁言昭著）[4]等，其重要性顯然亦愈來愈大。

根據傳記文學出版社所編的《民國人物小傳》第6冊，可簡介如下：

曹聚仁（1901-1972），字挺岫，筆名丁舟、丁秀、天龍、姬旦、陳思、趙天一、袁大郎、彭觀清等。浙江金華人，浙江省立一師畢業。早歲至滬，以邵力子之介，任鹽商吳懷琛家庭教師。其間嘗兼民國女子中學、上海大學附中國文教員，又經常為邵主編之《民國日報》副刊「覺悟」撰稿，並拜章炳麟（太炎）為師，與柳亞子、陳望道等發起組織「新南社」，其後歷任上海藝術專科學校、暨南大學教授，歷兼博志大學、上海師範、杭州師範、中國公學等校之國文教授。1931年任《濤聲》半月刊主編，並為《申報》、《自由談》、《申報週刊》、《立報》、《言林》長期撰

稿，同年兼復旦、大夏大學文科教授。

1937年8月，「八一三」淞滬戰事爆發，編輯《前線日報》，後任戰地記者。在淞滬隨軍二月餘，後往返於皖南、浙東、贛東一帶，其始為《立報》、《大晚報》、《星島日報》撰寫戰地通訊，後轉入《中央社》參加戰地工作組。1938年，隨軍到魯南，並開始蒐集抗戰史料。抗戰期間，嘗任贛州《正氣日報》主筆、總編輯，大刀闊斧，使太子系為之側目，時人有「陳布雷第二」之說。1945年8月，抗戰勝利，重返上海。

1947年，任國立社會教育學院教授，出版《中國抗戰畫史》。1950年夏，南下香港，任《星島日報》主筆，其後從事寫作，先後為香港《星島日報》、《星島晚報》、《循環日報》、《晶報》、《正午報》、新加坡《南洋商報》撰稿，又在港創辦創墾出版社，主編《新生年代》雜誌，與徐訏、李輝英等合辦《熱風》半月刊。1956年，以記者身分訪問中國大陸，「為祖國統一做橋樑」，其後復多次進入大陸，為毛澤東、周恩來接見，成書多種，極盡為中共吹捧之能事。1972年7月，因癌症病逝澳門，年72歲。[5]

綜上所述，曹聚仁集學者、教授、作家、記者於一身。他腹笥深厚，讀書廣博，早歲即顯露過人的才華，終生筆耕，寫有四千餘萬言，成書七十餘本。他的文風有別於魯迅的辛辣，周作人的沖淡平和，豐子愷的溫存善感，三家之外獨樹一幟，文才與文采都是不可多得的。他對國學、史學、新聞學、現代文學均有卓爾不群的貢獻，在中國現代文化史上有重要地位。但多少年來，人們一直把他淡忘。[6]

二、曹聚仁與蔣經國

　　曹聚仁與蔣經國的關係錯綜複雜。從身分方面談，時而師友，時而幕賓；以時間而論，直接過從雖僅四、五年，但此後斷斷續續，一直維持到曹氏離開人世。

　　1938年8月16日，曹聚仁以《中央社》特派員的身分，於江西南昌訪問蔣經國（時任江西保安處少將副處長）。初次見面後，曹聚仁寫了一篇訪問記，稱蔣經國為「一個政治新人」，秉筆直書他的感想：「記者細細地、靜靜地看他的行止，他和勞苦民眾相接近並非矯情而為之的。他懂得生活的意義，努力的價值。他自然而然親近那些用自己血汗掙飯的人，他有光、有火、有力，吸引著一群有血性的青年；自然，也有人覺得頭痛……。」愉快的初見，雙方都有深刻的印象。其後受到贛南新政的影響，曹聚仁甚至全家定居贛州，為蔣經國接辦《正氣日報》，而且辦得有聲有色，把蔣經國捧為「蔣青天」。

　　曹聚仁與蔣經國之間，從開始接觸到合作共事，有數年之久，對蔣經國的生活、思想均有相當程度的理解。蔣經國自己就說過：「知我者，曹公也！」1948年，曹聚仁的《蔣經國論》在上海出版，這本書是最早問世的蔣經國傳記。50年代後，曹移居香港，又把《蔣經國論》幾乎重寫了一遍。曹氏文史貫通，文筆洋洋灑灑，如行雲流水，故此書問世後，有很好的反響。《蔣經國論》的副題為「五十年來功過得失總論」，內容分為三大部分：一、一代傳奇人物蔣經國；二、留學蘇俄深悟民主政治；三、抗戰勝利帶來的內戰危機。正文有廿小節，另有後記，探討生命的意義與價值。

　　這本書成功之處，有以下幾方面：

23

（一）恰如其分地直言蔣經國的功過。

（二）多層面地展示蔣經國的性格。除曹聚仁外，還沒有人能這樣生動分析蔣經國複雜的性格，而且鞭辟入裏。他寫道：「……說起來，經國也正是哈姆雷特型的人物，他是熱情的，卻又是冷酷的；他是剛毅有決斷的，卻又是猶豫不決的；他是開朗的黎明氣質，卻又是憂鬱的黃昏情調。他是一個悲劇性格的人，他是他父親的兒子，又是他父親的叛徒！」

（三）給神話人物還以人的本來面目。

在贛南，以至離開大陸前在上海的蔣經國，都曾被看成神。但曹聚仁將他還原成人，凡是人總有男女私情的弱點，不安於平凡，且不免於派系的鬥爭。[7]

曹聚仁在香港增補的〈如是我聞〉篇，對蔣經國的性格又有一番補充：「他是多情的，卻是十分冷酷的；他是活潑天真的，卻又是嚴肅呆板的；他時常為大自然所迷醉，願意過隱居的生活，卻又是愛在擾攘的紅塵中打滾，以鬥爭為快意。這是哈姆雷特的悲劇性格。」

曹氏論蔣經國，自然離不開蔣介石。兩蔣合論，尤見精彩。請看：

「經國回國以後，蔣先生要他孤立著過活，養成一種不可測的神情。其實，蔣先生自己的神祕就是有限得很，他處處在玩弄自己的左右，事實上，倒是他的左右在玩弄他、包圍他。」

「經國是吃過麵包的人，比之蔣先生沒吃過麵包、喝過海水，自然高明得多。蔣先生不會演說，不會招待新聞記者，使人畏而不能使人敬，要做民主國家的領袖就差那麼一大截。經國的外在條件當然很夠了，可惜以曾國藩自況的蔣先生，所以教育這位曾紀澤的，並不用現代化的知識，而要他回到居敬存誠的理學路上去，當

然失敗了！」

「經國這個人是不會居敬存誠，卻也不善於玩弄權術的。觀人察質，必先察其平淡，而後求其聰明。經國為人，聰明則有之，平淡則未也；他們都不是足以轉移世運的人。」[8]

三、穿梭兩岸密使

在50、60年代，曹聚仁擔當過台海兩岸高層領導之間的密使，幾乎已是公開的祕密。1956年7月，曹聚仁透過香港《大公報》社長費彝民的介紹與北京邵力子的安排，名義上以新加坡工商考察團隨團記者的身分，前往大陸採訪，實際上「為祖國統一做橋樑」。在邵力子、張治中、屈武、陳毅等人陪同下，周恩來總理曾賜宴頤和園，並先後接見三次。

7月16日下午，周恩來邀請曹到頤和園夜宴，陪同的有陳毅、張治中、邵力子夫婦等。晚宴結束後，主賓6人遊昆明湖。曹聚仁就6月28日周恩來在人大三次會議上所作「和平解放台灣」的講話問周：「你許諾的『和平解放』的票面有多少實際價值？」周回答：「和平解放的實際價值和票面價值完全相等。……台灣是內政問題，愛國一家，雙方完全可以合作。……我們對台灣絕不是招降，而是彼此商談，只要政權統一，其他都可以坐下來共商量安排的。」邵力子對曹聚仁說：「你有許多條件，又有海外地利之便，這點你要多做些。」曹會心地點點頭，當陳毅問說：「曹先生不會推辭吧？」曹十分爽快地回答：「哪裡、哪裡，聚仁身為炎黃子孫，義不容辭。」[9]

會後，曹聚仁以〈頤和園一系談──周恩來會見記〉為題，把這次接見撰寫成文，發表在1956年8月14日《南洋商報》第3版上。

席上，曹稱周是「政治外交上的隆美爾」（Erwin Rommel, 德國陸軍大元帥）；推崇陳毅（副總理）是「了不起的人物，上馬能武，下馬能文；既是將軍，又是詩人。」從此，曹氏的人生道路產生新的轉折，由出世到入世，從自由主義轉向愛國主義。

同年9月，曹聚仁又匆匆北上，再到北京，做了10月1日國慶典禮台上的貴客。毛澤東在中南海居仁堂接見了他，並作長談。曹提起《沁園春》的詞句，當面誇毛「走向超過成吉思汗的道路了」。毛承認「蔣氏在現代中國史上有他那一段不可磨滅的功績」，並表示「如果台灣回歸祖國，一切可以照舊。台灣可以實行三民主義，可以同大陸通商，但是不要派特務來破壞，我們也不派紅色特務去破壞他們。」其後，周恩來又宴請曹聚仁，話題又涉及台灣問題。曹問：「台灣回歸後，對蔣介石如何安排？」周答：「蔣介石當然不會做地方長官，將來總要由中央安排的。台灣還是他們管，如果辭修（陳誠）願意做台灣的地方長官，蔣經國只好讓一下做副的。其實，辭修、經國都是想幹些事的，辭修如願到中央，職位當不在傅宜生（作義）之下。經國也可以到中央。」

1957年，曹聚仁穿梭往返於香港、北京有6次之多，這當然也由於台北有了回應。台北派蔣經國贛南新政時的親信王濟慈與曹聚仁聯繫，做傳話的信使。同年春天，來自台北的立法委員宋宜山，到北京作試探性的訪問（見前篇）。宋宜山回台復命後，曹聚仁留在香港。

其後，曹聚仁復風塵僕僕，席不暇暖訪問中國，足跡所到之處，甚至包括廬山與溪口。回港之後，曹氏寫了一份書面報告送往台北。根據這信函的報告，交待了如下的一些事實：

（一）奔走只是為道義：

此次曹聚仁北行，係受台北之託，遵命看了一些地方。

曹是道義上為台奔走，事成後做歸隱的嚴光。坦蕩心跡，於此

可見。

台方有「原定的計畫」，可見雙方已透過曹有了接觸。

台方原有派員到大陸遊歷之說。

（二）進言「和平解放台灣」為兩利。

（三）匯報廬山美廬依舊，溪口無恙。[10]

曹聚仁有位朋友叫王方，曾在香港的《七十年代》上發表一篇〈記一次中國統一的祕密談判〉，寫這篇文章的時間是1978年4月21日。該文透露了一個大秘聞，大約在1965年之頃，大陸文革發生之前，蔣介石外受美國各種約束，內受台籍同胞反對其統治的壓力，頗有意與中共談判統一。蔣經國奉命，與以前他在贛南任行政督察專員時，曾以師友相視的當時居留在香港，而與北京當局有一定關係的歷史學者與老作家曹聚仁接洽。經過了一段時間的醞釀與籌備，蔣經國在極神祕情況下，派了一條小船，專程到港迎接曹聚仁前去台灣。曹登岸以後，立刻坐直昇機前往南投日月潭的蔣氏官邸（涵碧樓）。蔣氏父子聽取曹密訪北京報告，經幾次商談，在曹「國共再攜手，一笑泯恩仇」說動下，雙方達成一個「與中共關係和平統一中國」的談判條款。草案當時稱為「六項協議」，其內容如後：

1. 蔣介石偕同舊部回到大陸，可以定居在浙江以外的任何一省區，仍任國民黨總裁。

2. 蔣經國任台灣省長，台灣除交出外交與軍事外，北京只堅持農業方面必須「耕者有其田」，其他內政完全交由台灣省政府全權處理，以廿年為期，期滿再行洽商。

3. 台灣不得接受任何軍事與經濟援助；財政上有困難，由北京照美國支援數額，照撥補助。

4. 台灣海空軍併入北京控制，陸軍縮編為四個師，其中一個師駐在廈門、金門地區，三個師駐在台灣。

5. 廈門與金門合併為一個自由市，作為北京與台北間的緩衝區與聯絡地區。該市市長由駐軍師長兼任，此一師長由台北徵求北京同意後任命，其資格應為陸軍中將，政治上為北京所接受。

6. 台灣現任文武百官官階、待遇照舊不變，人民生活保證只可提高，不准降低。[11]

由上可見，曹聚仁為兩岸的和平統一，確實費了一番心力。無奈「謀事在人，成事在天」，正當和議即將實現，中國大陸卻發生了史無前例的浩劫，即「文化大革命」。消息傳到台灣，蔣氏父子由疑慮到改變主意，和平談判一事亦告擱淺。

1972年1月，曹聚仁致函《大公報》社長費彝民，自稱「海外哨兵」，對促成兩岸和談一事，頗有力不從心之慨。信中自白說：「弟在蔣家只能算是親而不信任的人。在老人眼中，弟只是他的子侄輩，肯和我唱說的已經是行尊了。弟想要成為張岳軍，已經是不可能了。老人已經表示在他生前，要他做李後主，這不可能的了。」[12]

1998年3月8日至10日，《聯合報》連續三天，以整版篇幅發表曹聚仁的女公子曹雷所寫的長文〈父親原來是密使〉。曹雷的文章發表後，在台北引起極大反響。

曹聚仁的好友，原《前線日報》社社長、總統府資政馬樹禮，堅決否認其事：

第一、據其了解，外間所傳兩岸透過什麼人談和的事，都不是事實。

第二、經國先生到台灣後，對大陸上他的所有朋友、部屬的來信，一概拒收，從來不看。據經國先生機要秘書蕭昌樂告知，曹聚仁確實有幾封信給蔣經國，但他並沒有看到，因蕭君已奉命把所有來信都毀了。

　　曾在贛南工作，也是報人，和曹聚仁熟識，自稱最有條件說話的漆高儒（他追隨蔣經國多年，著有《蔣經國評傳》）也表示否認。他說，曹聚仁應該不是「密使」，絕對沒有到過台灣，「這應是他病中夢囈的話，一個精神受到刺激的老人，常常會把生活中未實現的事，幻想成為實景，……日有所思，病有所說。」他又說：「周恩來最長於搞統戰，聽聽曹聚仁的意見，姑妄言之，姑妄聽之，讓你曹聚仁去談談又何妨！」至於曹聚仁和蔣經國的聯絡，則是此路不通，搭不上線。因為「蔣經國根據過去國共和談的經驗，訂了對中共的三不原則：不接觸、不談判、不妥協。這是八二三砲戰前所定的。」

　　台灣知名文史學者，曾在胡宗南、孫立人身邊參贊過戎機的張佛千，他認為密使可能有其事，台北方面十分注重保密，只有口傳，不留文字。

　　台北的老報人陸鏗（抗戰時期曾任《中央日報》採訪部主任）則完全肯定曹聚仁是密使。他以台北派宋希濂胞兄宋宜山到北京試探和談可能性為例，「由此觀之，當時台北對大陸未採取完全隔離政策，在這種情況下，曹聚仁被北京方面派來從事兩岸中介或溝通角色的機會非常大。」13

　　總之，曹聚仁的一生，撲朔迷離，被人稱為「謎樣的人」。他服膺「烏鴉主義」，自稱「烏鴉文人」。他最不愛寫文章，但卻不能不靠賣文以為活；他從來與世無爭，處處讓人，不幸卻落在最愛相輕相妒的文人圈子裡。曹聚仁一向自稱是「一生站在政治邊緣上的人」，曾以但丁自比，晚年孜孜以求的，也就是「謀國家的統一」。可惜他「壯志未酬身先死」，他是帶著遺憾而去的。

註釋

1　盧敦基、周靜，《自由報人——曹聚仁傳》（浙江人民出版社，2003）。

2　李勇，《曹聚仁研究》（貴州人民出版社，1991）。

3　李偉，《曹聚仁傳》（河南人民出版社，2004）。

4　丁言昭，《曹聚仁：微生有筆月如刀》（上海教育出版社，1999）。

5　《民國人物小傳》，第6冊，頁254-257。

6　李偉，《曹聚仁傳》，（河南人民出版社，2004），頁5。

7　李偉，《曹聚仁傳》，頁154-171。

8　曹聚仁，《蔣經國論》（台北：一橋出版社，1997），頁196-197。

9　黃修榮，《國共關係史》（廣東教育出版社），下卷，頁2105-2106。

10　李偉，《曹聚仁傳》，頁301-302。

11　李偉，《曹聚仁傳》，頁317。

12　李勇，《曹聚仁研究》，頁183。

13　李偉，《曹聚仁傳》，頁344-345。

第四章：章士釗為兩岸和談鞠躬盡瘁

一、「和談專使」章士釗璀璨一生

　　章士釗（1881-1973），湖南長沙人，字行嚴，筆名甚多，包括黃中黃、章邱生、孤桐、青桐、秋桐等。他的一生，經歷了清末、民國、中華人民共和國三個時期，早年是反滿革命的宣傳家，與不少著名的革命黨人如黃興、蔡元培、章太炎、吳稚暉等關係匪淺。先留日，後留英，思想漸趨溫和，在革命黨與立憲派之間，保持一種理性的中立態度。以後他又參與護國之役，講學北大，追隨岑春煊南下護法，參加段祺瑞臨時政府出任司法總長兼教育總長，在上海灘當律師。抗戰期間他當過國民參政員，行憲後當選立法委員。他參加過1919年的南北上海和議，也參加過1949年的國共北平會談。

　　他的經歷極其複雜，而他本人交友廣闊，因此他的朋友既有清末的諸多著名革命黨人以及民初的許多國民黨人，也有清末的立憲派以及民初的進步黨人；既有政學系中的諸多要角、西南地方實力派中的大老，也有北洋政府中的一些要人；既有一些思想相對保守的保守主義分子，也有鼓吹新文化、新思潮的人物，甚至有不少共產黨人。正因為他有著這樣廣泛的社會關係，所以在1949年的國共和談中，國民黨的代表團就有他這樣一位也是唯一的一個不是國民

31

黨人的代表。迨和談破裂，從此留在北平不再南返。

中共政權建立後，畀以「中央文史館」館長、全國政協常委及第一、二、三屆全國人大代表、政務院法制委員會委員等職。章士釗在中年時嗜好鴉片，晚年體質孱弱，不耐北平寒冷，經毛澤東特許，經常至香港避寒。[1]

韓戾軍對章士釗有一個總評：「以人而論，他終歸為國士，為君子；以才而論，他不愧為通才；以學而論，他精通文學、邏輯學、法學等多種學問」，「他一生亦學亦政，在宦海與學濤中沉浮」，[2]頗能概括章士釗的一生。

二、章士釗成功轉交一封信給蔣介石

1956年春，中共對台發動了第一波和平攻勢，提出了「國共第三次合作」的呼籲，令參加過1949年北平和談的章士釗為之激動不已。章士釗向周恩來總理主動請纓去香港，要找他滯留在香港的一些國民黨故舊，去向蔣介石做工作，溝通與台灣的關係，爭取實現新一輪的國共談判。毛澤東、周恩來同意了章士釗的請求。為此，中共中央專門給蔣介石寫了一封信，交章士釗帶到香港，通過關係轉交給蔣介石。

章士釗到香港之後，會見了台灣派在香港負責國民黨文宣工作，主持《香港時報》的許孝炎。兩人都是湖南同鄉，抗戰時期同為參政員，交往密切，關係甚好，這次他們在香港重逢，分外親熱，寒暄過後，章士釗拿出中共中央給蔣的信，委託他親手轉交給蔣介石。

在這封信中，中共方面提出了台灣與大陸統一的具體辦法：

1.除了外交統一於中央外，其他台灣人事安排、軍事大權，由

蔣介石管理；

2. 如台灣經濟建設資金不足，中共政府可以撥款予以補助；

3. 台灣社會改革從緩，待條件成熟，亦尊重蔣介石意見和台灣各界人民代表協商；

4. 國共雙方要保證不做破壞對方之事，以利兩黨重新合作。

信的結尾寫道：「奉化之墓廬依然，溪口之花草無恙。」信中用這樣的字句，是想告訴他蔣家墓地和住宅均完整無損，並不像港澳有的報紙說的：「蔣氏墓廬已在鎮壓反革命和土地改革運動中蕩然無存。」[3]後來的發展，請參閱〈迢迢密使路（二）：宋宜山大陸行的為和談「摸底」〉，此處不贅述。值得一提的是，宋宜山在北京時，章士釗曾接待過他。

三、周恩來統一領導對台工作

在以後的日子裡，周恩來親自領導了爭取以蔣氏父子和陳誠為首的台灣高級軍政官員的工作。他和毛澤東經常利用會見賓客的場合，提出對國共和談的一些具體設想和辦法。內容主要是：如果台灣回歸祖國，「一切可以照舊，台灣將來是要實行社會主義的，但何時進行民主改革和社會主義改造，則要取得蔣先生的同意後再做。現在可以實行三民主義，可以同大陸通商，但是不要派特務來大陸破壞，我們也不派『紅色特務』去破壞他們。談好了可以訂個協議公佈。」毛澤東表示台灣只要與美國斷絕關係歸還祖國，其他一切都好辦。現在台灣的連理枝是接在美國的，只要改接到大陸來，可以派代表回來參加全國人民代表大會和全國政協委員會。對這個問題，周恩來還做了具體說明：蔣經國等安排在人大或政協是理所當然的。蔣介石將來總要在中央安排。台灣還是他們管，如果

陳誠願意做，蔣經國只好讓一下作副的。他還說：其實，陳誠和蔣
經國都是想幹些事的，陳誠願到中央工作，不在傅作義之下，蔣經
國也可以到中央工作。周恩來還表示：如果台灣方面有難處，我們
可以等待，希望蔣氏父子和陳誠也拿出誠意來。為了進一步加強和
平統一祖國的工作，中共中央還指定各有關部門負責人成立對台工
作組，協助周恩來統一領導對台工作。[4]

其後，周恩來又委託張治中、傅作義寫信給蔣經國和陳誠，轉
達中共中央關於和談的方針和政策，囑咐他們在信中一定要「曉以
大義，陳以利害，動以感情」。他還抓住機會做國民黨元老于右任
的工作。有一次，章士釗告訴周恩來，于右任在大陸的妻子過八十
大壽，于右任很惦記，怕她受到冷落。周恩來立刻讓于右任的女婿
屈武為她補行祝壽。

周恩來還透過章士釗、邵力子、費彝民等海內外朋友以及蔣介
石的前妻陳潔如等向台灣傳話，促進相互瞭解。周恩來聽說蔣介石
非常掛念家鄉奉化的情況，就請有關人士將題上「奉化墓廬依然，
溪口花草無恙」的照片寄往台灣。他還請統戰部門安排住在上海的
蔣介石內兄做政協委員，要求他們照顧好居住在奉化的蔣介石親屬
和居住在青田的陳誠的姐姐。周恩來工作細膩且充滿感情，他曾請
人給一位他很熟悉的台灣重要負責人捎話說：「大陸熟人很關心
他。」並帶去陳年的白酒相贈，這位負責人感動地說：「周先生還
記得我喜歡喝白酒」。[5]

四、章士釗鞠躬盡瘁為兩岸和談

就在周恩來這股溫情攻勢下，章士釗不顧年事已高，復於1962
年和1964年，為溝通國共兩黨和談，先後兩次奔赴香港，找到了與

台灣方面有聯繫的朋友，給台灣的于右任、胡適等人寫信聯絡，為促進國共兩黨重開和談做了大量工作。當時，港台許多報紙稱章士釗為中共的「和談專使」。他打算通過私人關係，向台灣高層轉達中共的和談條件。據悉，他所轉達的條件有最低和最高兩種。最低為雙方做官方或私人團體互訪，先作一定接觸，暫時不舉行談判；最高則進行國共兩黨會談，台灣承認是中華人民共和國的一部分，中華人民共和國則給台灣省類似當年陝甘寧的地位，可擁有自己的政府、軍隊、黨組織，經費不足亦可由大陸負擔。不巧的是，大陸不久爆發了文化大革命，章士釗的和談奔走活動，不得不中斷。

由於國際和兩岸之間種種複雜的原因，和談的進程十分艱難。但是，周恩來並不氣餒，他常說：「急是無用的，我們這輩子如看不到解放台灣，下一代或再下一代總會看到的，我們只要播好種，把路開對了就行。」[6]1973年6月19日，周恩來接見並宴請台灣知名人士陳逸松和夫人，曾經闡明對台灣問題的看法，指出：我們希望盡快解決台灣問題，但「傳檄而定」的時候未到，要造成一種形勢，把各種條件都估計足，目前，國際形勢是最主要的條件。[7]

周恩來始終認為，與台灣方面對話，章士釗居中聯絡是再合適不過的人選。但此時的章士釗年事已高，頭腦雖然清晰，耳朵卻聾得厲害，加上他幾年前曾在病床上掉下來造成骨折，致使腿部肌肉萎縮，行動不便，只能靠輪椅代步。因而派章士釗去香港聯絡，確是一件很難決定的事。於是，周恩來把章士釗的赴港想法報告了毛澤東。

1973年春天，正是「中美上海公報」發表一週年的日子。毛澤東在一次會見外賓時，突然向翻譯章含之（章士釗之女）提到章士釗希望去香港促成國共和談的心願，問章含之：「行老還有沒有這個念頭？」章含之回答：「有，不過周總理和我都覺得他年歲太大，恐怕去不了。」毛澤東想了一下說：「我們如果準備得好一

點，是不是還可以去呢？譬如說派個專機送去？」最後，毛澤東要求周恩來考慮一個周到的計畫，安排章士釗在能夠保證健康的條件下去香港。

在周恩來周密安排下，九十一歲高齡的章士釗於1973年5月25日從北京乘專機啟程赴港，周恩來親自到機場為他送行，章士釗表示此次赴港一定要完成中共交給的特殊任務。

章士釗到香港後，先後見到了許孝炎、宋宜山、童冠賢等人。故舊見面，頗多感慨，都為過去幾次沒能成功的談判感到惋惜，並表示要繼續為祖國統一盡力，通過各種途徑向蔣介石進言，以促成國共兩黨的高級談判。

章士釗此次赴港所帶中共關於和談條件與過去大體相同，即盡快舉行國共兩黨談判，台灣承認是中華人民共和國的一部分，中央可給予台灣省類似當年陝甘寧特區的地位，經費不足可以由中央政府負擔。如果台灣認為談判條件不成熟，可以先進行官方或私人及團體互訪，作一定接觸，暫不舉行談判。

但章士釗到香港後不到一個月，便因頻繁的活動，過度的興奮及對香港氣候的不適應，再加年事已高等原因，到6月下旬便病倒了，而且一病不起，迅速轉重，雖經醫生盡力醫治，卻終不見好轉。

6月底，周恩來立即指示派專機帶醫生護士接章回北京。然而，飛機還沒來得及起飛，章士釗便於6月30日病逝於香港。7月2日，周恩來指示成立「章士釗治喪委員會」，並派連貫代表人大常委會與其家屬一起赴香港奔喪。[8]

有趣的是，據聞宋宜山和另外三位立法委員在香港參加了章士釗的追悼會，台灣方面便以「附共」的罪名，宣布撤銷他們的立法委員資格。[9]

註釋

1 有關章士釗的生平經歷，請參閱：《中國現代史辭典：人物部分》（近代中國出版社，1985），頁301-302；《民國人物小傳》（傳記文學出版社，1977），第二冊，頁169-170；鄒小站，《章士釗傳》（河南文藝出版社，1999）；章含之，〈前言〉，《章士釗全集》（文匯出版社，2000），第一冊；白吉庵，《章士釗傳》（作家出版社，2004）；陳書良，《寂寞秋桐——章士釗別傳》（長春出版社，1999）等。

2 韓戾軍，〈回眸青桐〉序，參閱劉鳳橋，《章士釗師友翰墨》（萬卷出版公司，2005）。

3 黃修榮，《國共關係史》，下卷，頁2084。

4 《周恩來傳》，第三冊，頁1436-1437。

5 《周恩來傳》，第三冊，頁1438-1450。

6 《周恩來傳》，第三冊，頁1442。

7 中共中央文獻研究室編，《周恩來年譜，1949-1976》，下卷，頁600。

8 黃修榮，《國共關係史》，下卷，頁2115-2116。

9 李立，《國民黨浮沉台灣：從蔣氏父子到連戰馬英九》（台海出版社，2008），上冊，頁207。

第五章：沈誠充當密使為北京傳送
「密函」

一、沈誠這個人

　　前述四位兩岸密使都發生在蔣中正總統任內，李次白從台北派出，宋宜山、曹聚仁自香港前往，章士釗從北京南下香港，或多或少都扮演了兩岸密使「探路」、「摸底」或傳遞信息的角色，大抵爭議性不大（除曹聚仁外），而且均各有所本，讓讀者一窺從1950年至1980年兩岸和談模糊階段的大致情形。

　　自文革結束後，大陸的和談攻勢再啟，在蔣經國時代，卻發生一件真假難辨，爭議性頗大的沈誠事件。沈誠自己遺有《兩岸密使祕聞錄》[1]一書，《新新聞》為了追查沈誠這個人，亦出版有《沈誠：我替楊尚昆傳信給蔣經國——海峽兩岸一段祕密交往的真相》[2]，真真假假，益增密使的撲朔迷離。

　　沈誠，浙江湖州人，大約1920年生，自稱黃埔17期畢業，畢業後分發西北胡宗南部隊，後來投效蔣經國青年軍麾下。1944年，蔣經國赴重慶出任中央幹校教務長，培植青年幹部。1946年抗戰結束後成立國防部預備幹部訓練局，蔣經國擔任局長，沈誠也隨蔣到預幹局，擔任他的隨從參謀，官拜中校。之後，蔣去上海打老虎，成立青年大隊，沈誠在第二大隊，王昇在第一大隊。國民政府撤守

前，他受命於蔣經國，組織國防部青年反共救國軍江南縱隊，為少將司令。1949年沈誠隨部隊自重慶到昆明入滇緬，幾年後再隨李彌到台灣。

抵台後，一度被調到駐菲大使館擔任武官，當時大使為段茂瀾，不久調回台灣，又去香港，在南方指揮部做情治工作，這個組織直屬總統府資料室，由蔣經國掌管，當時在香港負責人是陳劍如，他擔任陳的副手。在香港期間與左派人士交往密切，遂被調回台灣。回台後，當時的調查局長沈之岳找他到調查局的青溪訓練班擔任教官，講了四個月的「保密防諜」課，後來又到政戰學校講了一年多。其後，並被安排在退輔會掛個名，占個閒缺，並接手一個藥廠，生產滅鼠、滅蟑藥獲利頗豐。經過一段時間後，沈誠在1971年左右到香港發展。

二、中共忽然送來一份邀請書給沈誠

1976年周恩來、毛澤東相繼病逝，翌年鄧小平復出，中共不久即開始推動經濟改革及對外開放，並調整其對台政策。在鄧小平的領導下，北京改變過去以武力為主導的解放台灣政策，並以1979年提出的「和平統一」及「三通」為重點的「九條方案」（以人大委員長葉劍英名義發表，俗稱「葉九條」）。時序進入1980年代以後，為達到其和平統一的目標，中共展開對台的和談攻勢及統戰工作。

1981年是辛亥革命七十週年紀念，中共藉由擴大紀念辛亥革命，對老國民黨人進行統戰工作。

這年8月間，香港一家中資國貿公司的負責人送了一份「邀請書」給沈誠，請他參加10月10日在北京舉行的「辛亥革命七十週年

紀念大會」。這份邀請書由中共人大常委會委員長葉劍英署名。沈誠在接到請柬三天後，飛回台北向有關當局請示是否可以去參加這個紀念會。沈誠到台後，先與陳立夫聯繫，陳告訴他應該先向蔣經國報告一下。後來他又找當時總政戰部主任王昇、陸工會主任白萬祥。白告訴他應該去，還請他在大陸時幫陸工會作一些「聯繫工作」，沈擔心首度去中國大陸就做「工作」，會惹來麻煩，所以沒答應。白萬祥還告訴他，蔣經國一直想找個人去自己的老家奉化看看，沈誠可以幫蔣經國做這件事。接著沈誠又去找蔣緯國，蔣緯國也是叫他去問蔣經國。於是沈誠就直接找蔣經國請示該不該去北京。據沈誠回憶，當蔣經國聽了他的報告之後，原本告訴他：「這種應酬有什麼好去？」沈誠就說：「聽白萬祥提到，您希望有人去溪口看一看！」蔣經國聽了這句話就回答道：「好！那你就去吧！」沈誠坦白承認，蔣經國對他此行既不鼓勵亦不禁止，蔣說：按現行政策，你去大陸是違法的，所以他不鼓勵沈違法。臨別時，經國同意交帶一個私人任務，即抽空到溪口望望那邊情形，最好能拍攝一些現場照片等等。

三、在北京的一連串活動

沈誠到北京後，除了出席官式的紀念會，參加晚宴外，主要是與葉劍英的會談。

稍早，9月30日，葉劍英以人大委員長的身分，發表了「進一步闡明關於台灣回歸祖國，實現和平統一的政策方針」（亦即所謂「葉九條」），這份文件，等於是中共新一階段對台政策的總綱領。

接著，胡耀邦於10月9日在紀念會發表談話，邀請蔣經國、謝

東閔、孫運璿、蔣彥士、高魁元、蔣緯國、林洋港、宋美齡、嚴家淦、張群、何應欽、陳立夫、黃杰和張學良等14位國民黨元老、要員赴大陸訪問。葉劍英的談話是對台灣各階層進行全面的統戰，胡耀邦則特別針對國民黨高層喊話。[3]

10月3日，葉劍英在人民大會堂台灣廳單獨約見了沈誠。除例行的寒暄外，談話有兩個重點：

一是葉劍英想瞭解沈誠對9月30日文告的看法。沈答覆說：「這九條方針和政策，十分務實，十分中肯，但以台灣今天的實際情況做起來，恐怕還不十分容易。」

二是葉劍英問，蔣經國能不能下定和談的決心？沈誠回答：「目前還看不出！」所以葉劍英進一步希望沈誠反應中共的誠意。[4]

其後，沈誠開始經常穿梭於兩岸三地之間，據沈本人透露，他先後見過楊尚昆、鄧小平、王瑞林等人，也與楊拯民（楊虎城子，政協常委）、賈亦斌（民革委員會副主任）等人有過接觸。

四、中共向蔣經國發出「密函」

基於以上種種人脈關係，1987年中共中央決定透過沈誠向蔣經國發出密函。

這封「密函」由楊尚昆署名，內容如下：[5]

經國先生大鑒：

近聞　先生身體健朗，不勝欣慰！沈君數次來訪，道及　先生於國家統一之設想，我等印象良深。祖國之統一、民族振興，誠我中華民族之崇高願望，亦歷史賦予國共兩黨之神聖使命。對此，我黨主張通過兩黨平等談判而

謀其實現。今自沈君得悉　先生高瞻遠矚，吾人深為贊嘆！惟願能早日付諸實施，使統一大業能在你我這一代人手中完成。

為早日實現雙方領導人的直接談判，我謹代表中共中央邀請貴黨派出負責代表進行初步協商。望早日決斷，書不盡意，臨穎神馳，佇候佳音。

小平、紫陽，穎超先生囑向

老夫人、閣下、並緯國將軍

致意　即頌

時祺

楊尚昆

1987年

3月25日

沈誠自接受「密函」後，便立下與「密函」共存亡的決心，並當面向楊尚昆承諾三點：

1. 「密函」一定安全送到蔣經國手中，赴湯蹈火在所不辭；
2. 蔣經國如何處置，只能進言，無法左右；
3. 蔣經國的回應，能否使北京方面滿意，個人只能進言，無能為力。[6]

除親自來台當面遞交此信外，沈誠甚至還透露，他在1987年4月間又兩度遞交鄧小平和楊尚昆的信給蔣經國。事情尚未明朗發展，蔣經國便於翌年病逝，沈誠也因「密函」曝光，以叛亂罪被起訴，在「舍裡」度過了180天，最後才獲判無罪。

五、密使真相難明

1994年9月22日到12月13日，香港《華僑日報》刊載了沈誠所寫的《兩岸密使祕聞錄》，敘述他在1987年曾為中共領導人楊尚昆送信給蔣經國的事。這件事在次年蔣經國死後即刻惹上叛亂罪，報紙曾經報導，只是沒有多少人注意它。沈誠是兩岸穿梭者中首先公開全部過程的人，但因為透露出蔣經國最後歲月的一段秘辛，而且說得令人匪夷所思，所以引起《新新聞》的好奇，一連訪問幾位當事人。以下是他們對事件的看法：

身為蔣經國辦公室主任的王家驊說，在他的印象中，沒有沈誠這個人，更沒有沈誠與蔣經國見過面這回事。

楊拯民回憶說，「他與沈誠的認識是由張伯權（政協常委）的介紹。」沈自己說，與兩蔣皆有聯繫，「我們也弄不清楚。由於他來了許多次，姑且請他帶一封信去，只是一封信的事。」沈誠自述見過鄧小平，楊拯民說：「實在沒有聽說他見了中南海的人，瞎吹。」

楊斯德（中共對台辦主任）因摔跤住院，迴避採訪。

賈亦斌的《半生風雨錄》，在附錄的1987年3月條，有一段相關紀事，內云：「蔣經國先生為了準備與中共進行談判，派使者沈誠來京，探詢中共方面和平統一的誠意以及我是否願意為之溝通，我一一做了肯定的答覆，並將情況向上作了匯報。中共中央領導同志楊尚昆在接見沈誠時，請其轉達致經國先生的一封信，信中表示希望『統一大業能在你我這一代人手中完成』。」[7]

在接受《新新聞》訪談時，賈亦斌說，初見沈誠時，不知他是誰，也不知他是否當過蔣經國的秘書。雖然沈誠並沒把他與蔣經國的關係說得很清楚，但所提的問題看起來很像是蔣經國所授意，而

且對於蔣經國心情的刻劃，都與他們所瞭解的性格相合。

《新新聞》綜合他們的採訪所得，得出這樣一個結論：「沈誠一事，是中共有關人士求功心切的一步錯棋，事後頗有不光采之感；台灣高層自始即非出於主動，……何況沈誠本屬於泛泛之輩，縱有鴻鵠之志，並無恢弘之格局。」

《新新聞》經各方查證的結果，多數相關人都證實楊尚昆託沈誠帶信給蔣經國一事是確定的。至於信有沒有帶到？許多人就抱著存疑的態度。[8]這其中可能是一場騙局，或一個笑話，似真亦假，假中亦有真，密使之撲朔迷離，其故在此。看官，或許不必太認真。

註釋

[1] 沈誠，《兩岸密使祕聞錄》，台北：商周文化公司，1995.08。

[2] 周天瑞、郭宏治，《沈誠！我替楊尚昆傳信給蔣經國—海峽兩岸一段秘密交往的真相》，台北：新新聞文化公司，1995.02。

[3] 周天瑞、郭宏治，上引書，頁75-76。

[4] 沈誠，《兩岸密使祕聞錄》，頁59-61。

[5] 同上書，頁237。

[6] 同上書，頁245。

[7] 賈毅、賈維整理，《半生風雨錄—賈亦斌回憶錄》（中國文史出版社，2011），頁265。

[8] 周天瑞、郭宏治，上引書，頁136。

第六章：廖承志公開致書蔣經國
為兩岸和平統一

　　穿梭兩岸的密使，除了上述五人之外，尚有一種特定身分，別具一格的信使。其中最富傳奇性，最膾炙人口的一幕，便是廖承志之公開致信蔣經國，其過程頗富戲劇性，亦見兩岸和談誰主浮沉之用心。

一、虎父無犬子？

　　國共關係源遠流長，既合作又對抗，兩黨領導人物過去多有公誼私交，歷經數十年風雨滄桑，雖是身影隔絕一方，難免懷舊之情日甚一日。廖承志之父廖仲愷（1877-1925），係廣東歸慈縣人，早年留學日本期間，獲識孫中山，投身國民革命。辛亥廣東光復，胡漢民任都督，隨任廣東軍政府參議，兼財政部副部長。1921年5月，孫中山回粵擔任非常大總統，隨任財政部次長兼廣東省財政廳長。翌年6月，陳炯明兵變，被囚62天。1924年中國國民黨在廣州召開一全大會，改組完成後，歷任中央常委、政治委員會委員，並續任廣東省長、財政部長、黃埔軍校黨代表、大元帥大本營秘書長等要職。1925年8月，疑遭右派刺殺身亡。

　　廖承志（1908-1983），化名何柳華等，1908年在東京出生，係廖仲愷、何香凝獨子，姐廖夢醒。有關廖承志的傳記已不

少，[1]據關國煊所撰小傳，[2]近20頁，在此亦無法盡錄，茲扼要介紹如下：

（一）學習歷程：
1. 東京曉星小學，為全班31人中唯一之中國學生，遭老師辱罵「支那豬」；
2. 廣州嶺南大學附中、嶺南大學，自稱是個壞孩子；
3. 早稻田大學第一高等學院，通曉日、英、法、德、俄語；
4. 莫斯科中山大學（1931），與蔣經國、陳復（陳樹人子），有「留蘇三公子」之稱。

（二）重要經歷：
1. 在上海加入中國共產黨（1928）；
2. 奉中共之命（由國民政府遣送），赴歐洲柏林、鹿特丹、馬賽等地，名為英語教師，實為中國海員傳播共產思想，煽動罷工，嘗多次領導海員罷工而被捕；
3. 參加長征到延安，歷任《解放》週刊總編輯、解放社秘書、出版局局長，參加話劇「間諜」演出，飾西班牙佛郎哥「長槍會」會員一角；
4. 任中共晉冀魯豫中央局宣傳部長、中共中央宣傳部副部長（1948）、七屆二中全會為中央委員（1949.03）。

（三）新中國歷練：
1. 何香凝、廖承志參加開國大典，出任政務院華僑事務委員會正副主任（1949.10）；
2. 廖承志任國務院外事辦公室副主任，掌管港澳工作（1958），繼任國家僑委主任（1959.04）；

3. 出任國務院僑務辦公室主任（1978）；

4. 當選全國人大常委會副委員長（1978.03）。

二、廖承志致書蔣經國

為了早日結束兩岸分裂的局面，全國人大常委會於1979年1月1日發表〈告台灣同胞書〉，主要內容有四點：

1. 強調結束台灣與祖國分裂的迫切性。

2. 闡明實現祖國統一是民族意志和歷史的潮流，是歷史賦予我們這一代人的神聖使命。

3. 指出實現祖國統一的可能性。

4. 提出實現祖國和平統一的原則和改善兩岸關係的具體措施。[3]

1981年9月30日，全國人大常委會葉劍英委員長發表了對台工作的九條建議，即「葉九條」。同年10月9日，中共中央總書記胡耀邦在北京各界紀念辛亥革命70周年大會上講話時，指出「台灣問題，純屬我國的內政，要由海峽兩岸的領導人和人民來解決。」他表示願以中共負責人的身分，邀請蔣經國、謝東閔、孫運璿、蔣緯國、陳立夫等人，親自來大陸和故鄉看一看。[4]就在這種中共領導人積極進行「統戰」下，廖承志也致信蔣經國。

廖承志時任全國人大常委會副委員長，1982年7月25日透過《人民日報》公開致書蔣經國。一開頭這樣說：

經國吾弟：咫尺之隔，竟成海天之遙。南京匆匆一別，瞬逾三十六載。幼時同袍，蘇京把晤，往事歷歷在目。惟長年未通音問，此誠憾事。近聞政躬違和，深為懸念。人過七旬，多有病痛，至盼善自珍攝。

接著，廖承志直接講到那時的兩岸和談僵局，明確表示，對蔣經國的三不政策，「余期期以為不可，世交情深，於公於私，理當進言，敬悉詮察」，然後論述祖國統一的利害得失，敦促蔣經國早下決心：

> 祖國和平統一，乃千秋功業，台灣終必回歸祖國，早日解決對各方有利。台灣同胞可安居樂業，兩岸各族人民可解骨肉分離之痛，在台諸前輩及大陸去台人員亦可各得其所，且有利於亞太地區局勢穩定和世界和平。吾弟嘗以「計利當計天下利，求名應求萬世名」自勉，倘能於吾弟手中成此偉業，必為舉國尊敬，世人推崇，功在國家，名留青史。所謂「罪人」之說，實相悖謬。局促東隅，終非久計。明若吾弟，自當了然。如遷延不決，或委之異日，不僅徒生困擾，吾弟亦難辭其咎。再者，和平統一純屬內政。外人巧言令色，意在圖我台灣，此世人所共知者。當斷不斷，必受其亂。願弟慎思。

廖承志深知蔣經國是個孝子，在悼念其父蔣介石的文章中，表達過「且望父靈能回到家園與先人同在」等願望，就從孝心入手相勸：

> 近讀大作，有「且望父靈能回到家園與先人同在」之語，不勝感慨繫之。今老先生仍厝於慈湖，統一之後，即當遷安故土，或奉化，或南京，或廬山，以了吾弟孝心。吾弟近曾有言：「要把孝順的心，擴大為民族感情，去敬愛民族，奉獻於國家。」旨哉斯言，盍不實踐於統一大業！就國

家民族而論，蔣氏兩代對歷史有所交代；就吾弟個人而言，可謂忠孝兩全。否則吾弟身後事何以自了？尚望三思。

廖承志深知蔣經國對第三次國共合作處於矛盾狀態，前思後想，猶豫不決，常以命運坎坷自嘆，就懷著深厚的手足之情，運用周恩來總理的名句催促蔣經國早下決心，自己掌握自己的命運：

吾弟一生坎坷，決非命運安排，一切操之在己。千秋功罪，繫於一念之間。當今國際風雲變幻莫測，台灣上下眾議紛紜。歲月不居，來日苦短，夜長夢多，時不我與。盼吾弟善為抉擇，未雨綢繆。「寥廓海天，不歸何待？」

最後，廖承志主動出擊，提出自己親自到台灣會見蔣經國的大膽建議，並向蔣氏家族其他人問好：

人到高年，愈加懷舊，如弟方便，余當束裝就道，前往台北探望，並面聆諸長輩教益。「渡盡劫波兄弟在，相逢一笑泯恩仇。」遙望南天，不禁神馳，書不盡言，諸希珍重，佇候覆音。老夫人前請代為問安。方良、緯國及諸侄不一。[5]

三、層層用心說廖信

根據廖信起草人之一的耿文卿回憶道：這封信怎麼寫？真是頗費心思。廖承志為此絞盡腦汁，並親自寫了信的開頭一段，為整個信的內容、文風、文白兼容的語言風格定了調。

51

現在再來看這封信，依然能夠看出大陸對台灣方面所謂「曉以大義、陳以利害、動以感情，批駁其謬論和不切實際幻想」的苦口婆心，其用心不可謂不良苦。具體分析一下這封信。

曉以大義：「祖國和平統一，乃千秋功業，台灣終必回歸祖國，早日解決對各方有利。台灣同胞可安居樂業，兩岸各族人民可解骨肉分離之痛，在台諸前輩及大陸去台人員亦可各得其所，且有利於亞太地區局勢穩定和世界和平。」從祖國統一和世界和平的高度，來說明統一對兩岸人民的好處。「倘能於吾弟手中成此偉業，必為舉國尊敬，世人推崇，功在國家，名留青史。」這是設身處地替蔣經國著想，若能在蔣經國手中實現兩岸統一，則蔣經國名垂千古。「孫先生手創之中國國民黨，歷盡艱辛，無數先烈前仆後繼，終於推翻帝制，建立民國。光輝業績，已成定論。國共兩度合作，均對國家民族作出巨大貢獻。首次合作，孫先生領導，吾輩雖幼，亦知一二。再次合作，老先生主其事，吾輩身在其中，應知梗概。事雖經緯萬端，但縱觀全局，合則對國家有利，分則必傷民族元氣。」先回顧國共兩黨兩次合作的歷史，再說明分合利害。寓理於情，情理交融。

陳以利害：「外人巧言令色，意在圖我台灣，此世人所共知者。當斷不斷，必受其亂。」指出台灣問題純屬內政，「外人」無權干涉，奉勸蔣經國不要仰人鼻息，使台灣成為別人的附庸，最後走到存身無地，被人丟到大海裡去。「試為貴黨計，如能依時順勢，負起歷史責任，毅然和談，達成國家統一，則兩黨長期共存，互相監督，共圖振興中華之大業。否則，偏安之局，焉能自保。有識之士，慮已及此。事關國民黨興亡絕續，望弟再思。」「就國家民族而論，蔣氏兩代對歷史有所交代；就吾弟個人而言，可謂忠孝兩全。否則吾弟身後事何以自了？尚望三思。」廖承志從蔣經國領導的國民黨的興亡到蔣氏父子對歷史的交代，言詞懇切，同胞情、

52

兄弟情溢於言表。

動以感情：「南京匆匆一別，瞬逾三十六載。幼時同袍，蘇京把晤，往事歷歷在目。惟長年未通音問，此誠憾事。近聞政躬違和，深為懸念。人過七旬，多有病痛，至盼善自珍攝。」廖承志和蔣經國幼時感情很深，所以信中對蔣經國深為掛念，多有囑咐。「近讀大作，有『切望父靈能回到家園與先人同在』之語，不勝感慨繫之。今老先生仍厝於慈湖，統一之後，即當遷安故土，或奉化，或南京，或廬山，以了吾弟孝心。吾弟近曾有言：『要把孝順的心，擴大為民族感情，去敬愛民族，奉獻於國家。』旨哉斯言，盍不實踐於統一大業！」「吾弟一生坎坷，決非命運安排，一切操之在己。千秋功罪，繫於一念之間。當今國際風雲變幻莫測，台灣上下眾議紛紜。歲月不居，來日苦短，夜長夢多，時不我與。盼弟善為抉擇，未雨綢繆。『寥廓海天，不歸何待？』」「人到高年，愈加懷舊，如弟方便，余當束裝就道，前往台北探望，並面聆諸長輩教益。『渡盡劫波兄弟在，相逢一笑泯恩仇。』遙望南天，不禁神馳，書不盡言，諸希珍重，佇候覆音。」廖承志的這些話，以情動人，或引用蔣經國的話，或引用大陸領導人的話，說民族大義，抒兄弟情深。至今讀來，仍讓人感動不已。

批駁其「謬論」和不切實際的幻想：「惟弟一再聲言『不接觸，不談判，不妥協』，余期期以為不可。」「所謂『罪人』之說，實相悖謬。局促東隅，終非久計。明若吾弟，自當了然。如遷延不決，或委之異日，不僅徒生困擾，吾弟亦難辭其咎。再者，和平統一純屬內政。」「所謂『投降』、『屈事』、『吃虧』、『上當』之說，實難苟同。評價歷史，展望未來，應天下為公，以國家民族利益為最高準則，何發黨私之論！至於『以三民主義統一中國』云云，識者皆以為太不現實，未免自欺欺人。」「所謂台灣『經濟繁榮，社會民主，民生樂利』等等，在台諸公，心中有數，

亦毋庸贅言。」廖承志在信中引用台灣方面的「謬論」，逐一進行駁斥，指出其危害性。

四、廖信中所用的典故

耿文卿又說，廖承志這封信，有些詞句有典故、出處，這裡略作解釋一二。

青少年時期，廖承志和蔣經國同在蘇聯莫斯科求學。當時天氣特別寒冷，晚上，他們倆就同蓋廖承志的大衣。所以廖承志信中就這樣寫道：「幼時同袍，蘇京把晤，往事歷歷在目。」原來是「俄京把晤」，後來討論時改為「蘇京把晤」。

「計利當計天下利，求名應求萬世名」是蔣經國的座右銘，廖承志在信中引用這句話，是以蔣經國的身分來說的，動之以情。

「寥廓海天，不歸何待？」是引用了周恩來的話。60年代，民主人士為統一做了許多工作，他們紛紛給對岸的老朋友寫信、搭橋。當時，張治中給蔣氏父子寫了信，周恩來在審閱時加了四句話：「侷促東南，三位一體。寥廓海天，不歸何待？」

「渡盡劫波兄弟在，相逢一笑泯恩仇」原係魯迅詩句，是80年代初，鄧小平給來訪的美籍科學家陳樹柏（陳濟棠的兒子）的親筆題詞，用在這裡含意深刻。

「遙望南天，諸希珍重」引用了毛澤東的話。當年，一些高層民主人士給台灣寫的信報送毛澤東審閱時，毛澤東批了四句話：「台澎金馬，脣齒相依。遙望南天，諸希珍重。」然後，民主人士將毛澤東的這四句話寫進信裡，並指出是我們領導人寫的，讓台灣對岸知道我們的政策。

「佇候覆音」是鄧穎超審閱時加上的。希望台灣對岸拿出誠

意，儘早與我們大陸談判，早日完成祖國統一大業。

此外，像「要把孝順的心，擴大為民族感情，去敬愛民族，奉獻於國家。」「切望父靈能回到家園與先人同在」等語，是中央台辦通過中國社會科學院台灣研究所，從大量的台灣報刊中找出來的。廖承志在信中引用蔣經國的原話，更具說服力，也更能動之以情。[6]

五、廖信如何瞞天過海

廖承志與台辦同志將〈致蔣經國信〉反覆修改並經鄧小平、鄧穎超和中共中央政治局審查通過後，又想到台灣方面對大陸文章審查極為嚴格，怎麼樣才能使蔣經國和台灣同胞及時看到呢？他為此苦苦思索，終於想出一個絕妙的辦法。

廖承志指示新華社香港分社負責宣傳工作的楊奇，請香港《星島日報》總編輯周鼎、《華僑日報》總主筆李志文幫助。李志文把信件放在《華僑日報》後面的版面裡，以不引人注目的方式進入台灣。《星島日報》處理得更為巧妙，精心設計了一個大標題〈國共昨互促統一——雙方仍各言其志〉，下面將行政院長孫運璿的講話和廖承志的信件並列發表，正文中還豎插了一行標題：「廖願赴台灣探蔣」。於是，創造了一個奇蹟，廖承志致蔣經國的信件7月25日在《人民日報》和中央人民廣播電台發表的同時，台灣讀者也在同一天透過《星島日報》和《華僑日報》看到了。蔣經國當然也在同一日讀到了廖承志給他的海外飛鴻。[7]

六、蔣夫人出面復信

　　蔣經國讀了此信作何感想？不得而知。他是否也受到感動？或是內心深處受到了某種觸動，亦不得而知。不過，據說蔣經國看罷默不作聲，不置可否。

　　「來而不往非禮也」，蔣經國不能默不作聲，他要公開表明中華民國一貫的堅硬立場及對中共「統戰陰謀」的一貫回絕態度。一說蔣經國洞察其奸，所以未加理睬。

　　同年8月17日，蔣夫人宋美齡在紐約經由《中央社》發表〈致承志世侄〉公開信，[8]義正辭嚴，首言「經國主政，負有對我中華民國賡續之職責，故其一再聲言『不接觸、不談判、不妥協』，乃浩然正氣使然也。」續稱「余認為仲愷先生始終是總理之忠實信徒」，令堂「為一真正不可多得之三民主義信徒也」，又云：「在抗戰前後，若非先總統懷仁念舊，則世侄何能脫囹圄之厄、生命之憂，致尚希冀三次合作，豈非夢囈？」應以文革時期虎口餘生的為殷鑑，深盼世侄「幡然來歸，以承父志，澹泊改觀，頤養天年。倘執迷不悟，他日光復大陸則諸君仍可冉冉超生；若願欣賞雪竇風光，亦決不必削髮，以淨餘劫，回頭是岸。」

　　兩岸過去從密使的不公開往來，到廖承志與蔣夫人兩人的公開叫陣對嗆，儘管表面上充滿激情，亦少不了教訓對方的義正辭嚴，但檯面下已見鬆動，聯繫雖淡而且遲遲不入正題，不過「時代在變，潮流在變」，蔣經國到晚年他的密使沈誠已經啟動了。

註釋

1 有關廖承志的傳記，重要者有：王俊彥著，《廖承志傳》，人民出版社，
   2006；中國新聞社編，《廖公在人間》，香港三聯書店，1983；吳學文、
   王俊彥著，《廖承志與日本》，中共黨史出版社，2007；李榮德著，《廖
   承志和他的一家》，瀋陽春風文藝出版社，1998。

2 關國煊，〈廖承志傳〉，《民國人物小傳》，傳記文學出版社，第8冊，
   1987，頁429-448。

3 黃修榮著，《國共關係史》，廣東教育出版社，2002，下卷，頁2133-
   2134。

4 同上書，頁2136。

5 王俊彥，《廖承志傳》，頁484-485。

6 李立，《目擊台海風雲》，北京華藝出版社，2005，頁313-315。

7 王俊彥，《廖承志傳》，頁485-486。

8 全文見《傳記文學》選載，第41卷第3期。

迢迢密使路：穿梭兩岸密使群像

第七章：旅美學人穿梭兩岸忙

一、從王丰的一篇文章說起

傳記作家王丰最近在一篇文章中透露，他在北京巧遇一位大陸元老級的外交家，兩人不約而同地談到蔣經國治理台灣的貢獻以及他對兩岸和平所付出的努力。對方有感而發地說，如果經國先生能多活兩年，兩岸形勢可能有翻天覆地的變化。因為鄧小平在某次私下場合曾不勝唏噓地向他透露，經國先生在世的最後一年，其實「雙方已經談得差不多了！」[1]經國先生晚年雖有宣佈解嚴、解除黨禁報禁和開放大陸探親等措施，但證之兩岸問題之錯綜複雜，所謂「談得差不多了！」，會有「翻天覆地的變化」等說法，恐怕不是「言之過早」，就是「言過其實」。蘇起在他的新著中，也不無感慨的指出，在1988年前，國民黨與共產黨之間雖然偶有「密使」及函件往返，但雙方不僅沒有互信，也沒有內部的準備。[2]

在八〇年代初，中共確實出現了相當積極的「謀和求統」的努力。就蔣經國而言，他對此未嘗沒有種種瞻顧，但卻也難說不抱接觸試探之心。因此，和平使者、祕密信差乃應運而生。除前述六節所述及的人物外，旅美學人的投入又成為一個重要的篇章。這些穿梭兩岸，受到兩岸政府禮遇、尊崇的學者，憑其學術光環，不斷往來於北京、台北兩地，受到兩岸領導人的破格接見、會談，扮演了某種性質的傳話角色，多少對兩岸的和解政策，起了相當程度的升

溫作用。

二、熊玠一枝獨「秀」

在八〇年代的旅美學人中，有所謂支持中華民國政府的「四大金剛」之說，此即熊玠、高英茂、丘宏達和陳慶（一說為翟文伯）。他們是兩岸的「驕客」，對兩岸和平交流或傳話有不同程度的貢獻，尤以熊玠更是一枝獨秀。

熊玠，祖籍江西，1935年7月23日出生，河南省開封人。台灣大學外文系畢業，南伊利諾州立大學新聞系碩士、哥倫比亞大學政治系博士，紐約大學政治系終身教授，1977年加入美國籍，前後出任紐約大學政治學系教授兼該校政治研究所主任，美國當代美亞研究中心主任，係美國政治學會、國際問題研究協會、亞洲問題研究協會、國際法協會、中國問題研究協會會員，與美國前總統卡特、雷根有一定交往，並與美國國會有密切關係。1979年曾參與起草《台灣關係法》。

熊玠中英文俱佳，能言善道，極富機智與幽默感。在學術上出版有專書及論文多種，頗有成就。在台灣，熊與王昇、李煥和蔣緯國等關係密切，常為他們的座上客。北京亦多次邀他前往訪問，先後與趙紫陽及鄧小平晤談，是一位在兩岸之間十分活躍並受到重視的旅美學人。

1988年8月，鄧小平在北戴河會見熊玠。然而，熊玠在與鄧小平談話後，即公開談話引述鄧的說法，因而在兩岸均引發極大物議。首先，熊玠自稱，他曾與鄧小平交流超過六小時，鄧對他表示，中國的改革要經過三個階段（三代領導人）：第一個階段，經濟改革（在鄧小平領導下）；第二個階段，教育文化改革（在江澤民領導下，1995年後孔子和儒家學說重新回歸）；第三個階段，政

治改革（在胡錦濤領導下，因此胡、溫在2005-2006年計畫中引入民主政治）。

其次，熊玠大膽地透露，鄧小平說，兩岸統一後北京可以接受中華民國憲法和國旗、國歌等重大訊息。這是他在1988年8月10日下午在「亞洲與世界社」所辦的一項座談會上，提出這樣的「驚人之論」。[3]但不久中共新華社即發表新聞稿，公開否認熊的說法。熊玠的可信度因此受到極大質疑。但熊玠自己辯解說：「我個人有三不：不為中共做傳聲筒、不為匪做倀、不因為見了兩岸的高層領導人而自以為了不起。同時，我也不扮演任何角色，不代表任何人，絕不為兩岸帶任何訊息。」

1989年天安門事件時，熊玠適在北京，下榻北京飯店，他表示曾與廣場上的學生交談，幾乎所有學生都帶著耳機，收聽「美國之音」對民主和自由的宣傳廣播，其他地方的學生也在做同樣的事情。返美後，熊玠發表談話稱，未見天安門有學生死亡，引發不少人士之嚴厲抨擊，認為熊為中共辯護。熊的可信度又再受重創。

其後，據中共中央台辦主任楊斯德[4]回憶，鄧小平知道熊玠返美後中風，馬上派人通知衛生部想辦法研究治病，指定中醫專家研究配藥，然後將配好的藥一箱一箱地往美國紐約送。熊玠吃藥一段時間痊癒後，鄧小平又邀他於九〇年代初訪問北京，由江澤民會見，十分禮遇。但此時台灣的王昇和蔣緯國早已失勢，又因熊的言行，台灣對之愈為冷淡，把熊玠當作拒絕往來戶，以免給華府錯覺，以為熊在替台北與北京帶口信，而旅美親台的學者亦多與其劃清界線。

三、楊力宇會見鄧小平

1983年6月26日，鄧小平會見美國西澤西州西東大學教授楊力宇。在談到實現中國大陸和台灣和平統一的一些設想時，鄧小平說，問題的核心是祖國統一。和平統一以成為國共兩黨的共同語言。但不是我吃掉你，也不是你吃掉我。我們希望國共兩黨共同完成民族統一，大家都對中華民族作出貢獻。

我們不贊成台灣「完全自治」的提法。自治不能沒有限度，既有限度就不能「完全」。「完全自治」就是「兩個中國」，而不是一個中國。制度可以不同，但在國際上代表中國的，只能是中華人民共和國。我們承認台灣地方政府在對內政策上可以搞自己的一套。台灣作為特別行政區，雖是地方政府，但同其他省市的地方政府以至自治區不同，可以有其他省、市、自治區所沒有而為自己所獨有的某些權力，條件是不能損害統一的國家的利益。

鄧小平說，祖國統一後，台灣特別行政區可以有自己的獨立性，可以實行同大陸不同的制度。司法獨立，終審權不須到北京。台灣還可以有自己的軍隊，只是不能構成對大陸的威脅。大陸不派人駐台，不僅軍隊不去，行政人員也不去。台灣的黨、政、軍等系統，都由台灣自己來管。中央政府還要給台灣留出名額。

鄧小平指出，和平統一不是大陸把台灣吃掉，當然也不能是台灣把大陸吃掉。所謂「三民主義統一中國」，這不現實。

鄧小平說，要實現統一，就要有個適當方式，所以我們建議舉行兩黨平等會談，實行第三次合作，而不提中央與地方談判。雙方達成協議後，可以正式宣佈。但萬萬不可讓外國插手，那樣只能意味著中國還未獨立，後患無窮。

鄧小平希望台灣方面仔細研究一下「九條」的內容和鄧穎超在政協六屆一次會議上致的開幕詞，消除誤解。

楊力宇，江西人，1958年畢業於國立台灣大學，1961年赴美，1970年獲史丹佛大學博士學位，先後曾在舊金山州立大學及溫索普州立學院任教，並擔任亞洲學系主任，嗣任新澤西州西東大學亞洲學系教授，並自1984年起兼任系主任。作者係亞洲學會、國際研究學會、北美二十世紀中國史學會會員，及英國皇家亞洲學社研究員。研究兩岸政治情勢及兩岸關係多年，曾出版學術專書七種及學術論文五十多篇，九十年代曾先後出版三書：《天安門民主運動之前奏、發展、後果、及影響》（英文本，馬里蘭大學法學院亞洲研究叢書），《風暴之後：八九民運及其影響》（香港百姓文化事業有限公司出版），及《海峽兩岸關係文集》（香港新亞洲出版社出版），其英文論文多出現於《亞洲學報》、《中國季刊》、《亞洲事務》、《亞美學報》等學術刊物。為一著名傳記家，自1979年至1989年負責為世界極具權威性的《大英百科全書》撰寫傳記，先後發表蔣經國及李登輝之傳記，並在《方克華格納百科全書》發表孫中山、蔣中正、蔣經國等之傳記。楊氏並蒐集資料，撰寫大陸民主運動人士魏京生的傳記。楊力宇曾為連戰作傳，書名是《有容乃大：連戰從學者到閣揆之路》（商周文化，1996）。曾多次在國內外著名大學及學術機構（包括國際東方及亞非學會、美國亞洲學會、中國研究學會、國際研究學會、台北國關中心、亞洲與世界社、大陸社會科學院、北京大學等）主辦之學術研討會上發表論文及擔任評論員。楊力宇自1988年起，即經常在「美國之音」及「英國廣播公司」對大陸廣播節目中發表對大陸情勢之評論。作者亦為一著名政論家，1980年代中期以迄於今，前後發表政論近一千篇，其政論重點為亞洲問題、兩岸關係及中華民國與大陸之政治發展與外交情勢，多發表於台灣《中國時報》、《商業周刊》、《中央

日報》、《聯合報》、《新新聞》及《中國時報周刊》；美國《世界日報》和《國際日報》，及香港《信報》、《明報》、《九十年代》、《爭鳴》、《動向》、《開放》、《前哨》、《當代》、《百姓》等刊物，亦經常接受上述報刊之訪問，評論及分析兩岸重大政治事件，並於八十年代在台灣其他報刊（包括《自立早報》、《自由時報》及《台灣時報》）亦發表甚多政論。1991年出任紐約聖若望大學亞洲研究學院高級顧問，擔任其英文刊物《美亞學報》之總編輯，推行全面改革，提高其學術水準，約集世界著名學者九十多人（包括歐洲十四人、亞洲與澳洲三十一人，及北美洲四十九人）組成編輯委員會，為學報撰稿或負責稿件之評審。委員會幾乎網羅世界所有第一流的亞洲問題專家，其所發表之論文引起國際學界的廣泛注意，並常被海內外學者引用。近年楊力宇亦擔任聖若望大學每年國際亞洲學術研討會之主席，負責主持及組織此一會議。[5]

對鄧小平的這次會見，楊力宇留下了十分深刻的印象，尤其是鄧小平在解決台灣問題時所表現出來的高度的原則性和策略的靈活性，更使楊力宇感到由衷的欽佩。同年8月，楊力宇在香港《廣角鏡》8月號上發表了題為《中國，台灣與香港》的文章，描述了他同鄧小平這次會談的一些細節，他說：

在談到台灣問題時，他（指鄧小平）特別提到「一個中國」的大原則。他說，在這個大原則下，其他一切建議和方案均可考慮、討論及採用。但他強烈反對美國的「兩個中國」政策。因此，他說，中國的許多行為是針對著美國的「兩個中國」政策，而非針對台灣，中國更無意孤立和打擊台灣。

因此，他希望國民黨與中共合作，進行兩黨「對等談判」，努力完成中華民族大統一的任務，對民族作出貢獻。

在談到具體的台灣問題時，鄧小平提出，港台回歸是中國的重

大任務之一。在收回香港的主權後，中國將作適當的安排來保持香港的穩定及繁榮。[6]

楊力宇在另一篇文章透露，早在會見前一月，中共外交部已積極運作準備排斥並取代台北在亞洲開發銀行的席位。他到達北京時，中共的行動已箭在弦上，似有全面展開之勢。因此，當會見開始時，他立即展開對種共排斥台北亞銀席位之錯誤決策，要求北京同意台北保留此一席位，楊力宇指出，中共的兩項政策（包括不放棄對台用武），不可能導致兩岸的交流和談判。

鄧小平首先拒絕了楊力宇的中共放棄對台用武的要求（因認為此種承諾將使中國永遠不可能統一），但卻接受了保留台北亞銀席位的要求（台北必須改用「中國台灣」或「中國台北」一類的名稱）。鄧小平並暗示，中共誠意與台灣合作，亦無排除台北加入或重返其他國際官方經濟組織的可能性。他又提到「中國統一的六點構想」，即「一國兩制」的最早構想，俗稱「鄧六點」，似乎希望楊將這些訊息傳到台灣。[7]

楊力宇係無黨派色彩的海外學人，最近號召成立「美國僑學界超黨派聯誼會」，於去年10月底來台拜會朝野政黨領袖，並獲馬英九總統接見。楊力宇表示，APEC馬習會破局，主要是因為北京無法接受馬英九以總統身分與會，因為這會形成兩個中國；倘若明年5月前，馬英九以中國國民黨主席身分訪問中國，包括前往南京弔謁中山陵，則一點問題也沒有。若能進一步簽署兩岸和平協議，發表和平宣言，則起碼要比中國國民黨榮譽主席連戰於2005年訪問大陸有更大的突破。[8]

四、魏萼自稱不是兩岸密使

曾任國民黨文工會副主任，在蔣經國主政期間曾參與大陸決策事務的魏萼，在1988年底，曾兩度與當時中國的「政治強人」鄧小平密會。其後擔任北京大學客座教授的魏萼，曾將當年的晤談要點，送請美國史丹佛大學胡佛研究所「當代中國檔案」存檔。

魏萼說：「我既不是兩岸密使，也沒有政府的任務，純粹是以研究學者的建言，為台灣找出路，為中國找希望。」

魏萼，台灣宜蘭人，台大畢業後赴美留學，先後獲得南伊大碩士、聖路易大學經濟學博士，專長是中國農村發展史、總體經濟學、經濟理論等，並對中國問題感到興趣。回台後，先後在中央研究院三民主義研究所、國立中山大學、淡江大學等機構任職或任教。

魏萼著述甚勤，一生共出版十六本專書，包括與馬若孟（Ramon H. Myers）、賴澤涵合著的《悲劇的開始：台灣二二八事件》（*A Tragic Beginning: The Taiwan Uprising of February 28, 1947*），另發表二百多篇論文。魏萼有幾個重要的學術論點：第一，人民公社不適合中國。傳統中國的農業經濟思想應該回歸到私有制。農村的私有財產制度，才能提高勞動的生產力，提高農地單位面積的產量。第二，從世界實證的經驗，證明共產主義所實施的經濟政策，不適合於中國，也不適合於世界。中共所做所為是中國逆流，逆流不能行之永遠。第三，台灣必須跟大陸接觸，過去不接觸共產主義，是怕被共產主義傳染。但環境潮流在變，政策必須改變。中國大陸否定共產主義，順應中國的傳統文化，是一個必然趨勢。西方否定共產主義，也是必然的趨勢。所以他提出反對四個堅持。

　　當1987年11月，中華民國政府宣布開放大陸政策後，魏萼在翌年9月初前往北京。當時，負責接待他的中共中央台辦主任楊斯德突然問他：「魏教授，你有時間嗎？鄧主任想見見你。」

　　楊斯德所稱的「鄧主任」，就是當時擔任中央軍委主席、中央顧問委員會主任的「政治強人」鄧小平。當時，鄧仍兼任中共中央對台工作領導小組組長，當年4月始接任國家主席的楊尚昆則是領導小組副組長。兩位國家領導人同時會見魏萼，在當時是極為特殊的安排。

　　魏萼拋出「四個堅持」（馬列社會主義、無產階級專政、毛澤東思想、共產黨領導）是不是要考慮放棄的問題。鄧小平聞言，臉色轉趨嚴肅，剛說完「我們不放棄四個堅持，不是針對台灣的，台灣如果從中國走出去，就變台獨了。四個堅持如果拿掉了，西藏、新疆先亂，這是不能丟的。」

　　鄧小平隨後又把話題拉回「四個堅持」，他嚴肅地說：「四個堅持可以適時的從憲法中撤走，僅保留在黨章裡頭。我也決定先將馬、恩、列、史等四個畫像從天安門廣場撤走，只懸掛孫中山和毛澤東的畫像。」

　　雙方在晤談告一段落後，魏萼在「北京廳」的洗手間如廁，楊尚昆隨後也走進來。楊尚昆以濃濃的四川口音緊張地對魏萼說：「教授，教授，鄧主任今天講的話，可不能對外講哦，我也是第一次聽到啊！」

　　事隔整整廿年，「四個堅持」並沒有如鄧小平所願地從《憲法》中撤走，但馬、恩、列、史的畫像，確是從1989年4月26日，「天安門事件」前夕，即被撤離廣場。

　　據魏萼自述，他1988年就訪問了大陸，1988年去了兩次，1989年以後去了很多次。第一次的時候跟鄧小平見了面，鄧小平邀請我跟他會談，共進午餐，第二次也是如此，所以跟鄧小平見了兩次

面，吃了兩次飯，談的話很精彩。跟江澤民見面有十次，有時是我一個人，有時是兩個、三個人，當然跟楊尚昆一起見面的也有，江澤民很有智慧。跟楊尚昆見面有十次之多，吃飯有九次之多，其中兩次跟鄧小平一起吃，一次跟江澤民吃，其他的都是他個人當主人，還有兩三個客人，也有我一個主客。其他的陪客也很多，像丁關根、楊斯德、吳學謙、錢其琛、習仲勛，習仲勛就是習近平的爸爸。

魏萼雖然自稱不是兩岸密使，但因為曾任國民黨文工會副主任，又是「劉少康辦公室」的成員，同樣是留美學人，所以頗受北京方面禮遇看重。據魏萼透露，鄧小平主動告訴他，蔣經國曾託人帶來五項條件說，大陸方面允在北京設立聯絡處（設在釣魚台賓館），但不能發展黨務。至於誰是傳話人，有可能是鄧小平在北京見過與蔣經國親近的鄧文儀、嚴靈峯等老同學，也有可能是冷紹銓、翟文伯等華裔學者，答案留待以後揭曉。

旅美學人中為穿梭兩岸，僕僕風塵的，除了上述熊玠、楊力宇、魏萼三位外，知名者尚有冷紹銓、陳慶、朱永德、張旭成、翟文伯、高英茂、田弘茂等人。丘宏達是保釣運動的早期參與者，曾多次公開撰文批判中共的專制集權體制，雖曾受邀，但始終未踏上大陸一步。限於篇幅，本文無法詳述。

註釋

1. 王丰，〈懷想蔣鄧的秘密接觸〉，《中國時報》，民國103年5月25日。

2. 蘇起，《兩岸波濤二十年紀實》，天下文化，2014年10月，頁510。

3. 韋洪武，〈熊玠的驚人之語！〉，參閱周天瑞等，《沈誠：我替楊尚昆傳信給蔣經國—海峽兩岸一段秘密交往的真相》，新新聞公司出版，1995年2月，頁191。

4. 楊斯德，1921年生，山東省滕州市人，1985年任中共中央對台辦公室主任，出版有《歷史使命：共和國將軍楊斯德回憶錄》（華藝出版社，2006年）。

5. 參閱《有容乃大：連戰從學者到閣揆之路》一書的作者簡介。

6. 楊力宇，〈中國、台灣與香港—鄧小平談中國之統一〉，《廣角鏡》，1983年8月號。

7. 楊力宇，〈八〇年代的「兩岸密使」—中共對台的和談攻勢及統戰工作〉，周天瑞等前引書，頁23-24。

8. 〈楊力宇：馬總統應以黨主席身分訪陸〉，《中國時報》記者李明賢報導，103年11月9日。

第八章：新聞工作者的兩岸統一夢

一、陳香梅不平凡的一生

提起陳香梅，她是一位無人不知、無人不曉的公眾人物，她的一生充滿不平凡的經歷。

大時代出英雄兒女，要瞭解英雄兒女的風雲際會，不能不先對他（她）們的傳奇一生，稍作回顧。

陳香梅1925年生於北京，七七事變後前往香港，香港淪陷後又隻身前往昆明。當時陳的父母都在美國任職，希望她們姐妹六人都能到美國讀書，但陳香梅決意留在中國。1944年，19歲的陳香梅加入中華民國中央通訊社昆明分社，同年在嶺南大學取得文學士（主修中文）學位。她自1944年至1948年擔任中央社記者，並為上海的《申民日報》供稿。

由於陳的英語流利，在擔任中央社記者時被派往採訪陳納德，兩人因而一見鍾情，她並於22歲時（1947年）與時年54歲的陳納德結婚。她和陳納德育有兩女陳美華、陳美麗（皆由宋美齡起名，並為蔣夫人乾女兒）。陳納德於1958年病逝美國，終年65歲。

陳納德的逝世並未對陳香梅的事業造成打擊。1963年她受時任美國總統甘迺迪委任，成為第一位進入白宮工作的華人。1963年至1968年間，她也為美國之音工作，擔任電台的廣播員。1965年她成

為中央社海外特派員，直到74歲（1999年）為止。另一方面，她自1958年至1999年亦成為《台灣新生報》駐美特派員。1967年陳女士榮獲韓國中央大學頒發榮譽文學博士。

陳香梅和廣東客家的廖家還有一層親戚關係，廖仲愷是陳香梅外祖父廖鳳舒的胞弟，喊他為舅公，其子廖承志則是舅父，呼女兒廖夢醒為醒姨；雙方往來甚為親密。這一層親戚關係，也有助於陳香梅往後與大陸幾位領導人，如鄧小平、周恩來等的會晤。

記者出身，勤於筆耕的陳香梅，著作不輟，中、英文出版作品甚多，其主要有《一個春天》、《陳納德與我》、《半個美國人》、《風雲際會》、《繼往開來》等書，文筆流暢，故事動人，可以當小說看，也可以當作回憶錄細細品味。

二、陳香梅替雷根送信給鄧小平

1980年底，應中國大陸領導人鄧小平的邀請，陳香梅以美國總統當選人雷根特使身分訪問中國（同行尚有來自阿拉斯加州、時任美國國會聯邦參議院共和黨副領袖的泰德‧史蒂芬參議員伉儷），成為鄧小平的座上賓。

陳香梅女士在2004年8月接受新華社記者專訪時，談了她對鄧小平一些難忘的記憶。她說，鄧小平是她最尊敬的中國領導人之一，在她後來和鄧小平的幾次會面中，鄧小平的遠見卓識和對中國社會發展所起到的巨大作用更令她由衷地敬佩，同時鄧小平的幽默風趣也給她留下了深刻的印象。

陳香梅說，她印象中的鄧小平隨和、幽默，但講話非常中肯，沒有什麼客套話，說的都是很實在的話，樸實的言語中透著真知灼見。

陳香梅說，1980年12月，她欣喜地接到鄧小平希望她訪問北京的邀請。當時已當選為美國總統的雷根知道後也很高興，委派她作為他第一任特使訪問中國，並寫了一封親筆信委託她帶給鄧小平。與陳香梅一起訪華的還有一位參議員叫泰德‧史蒂芬，他曾是當年陳納德將軍率領的援華飛虎隊的成員。陳香梅一行於12月30日中午抵達北京，鄧小平當天下午就會見了他們。會見時，陳香梅的舅舅廖承志也在場。鄧小平一支接一支地抽煙，引得廖承志煙癮大發，忍不住伸手向鄧小平要煙抽。鄧小平帶著濃重的四川口音笑著對陳香梅說：你可曉得你舅舅有「妻管嚴」？陳香梅當時迷惑不解，心想舅舅不是好好的嗎，哪來的氣管炎？鄧小平見她不解，便跟她解釋說：「你舅舅是『妻管嚴』。你舅媽不讓他多抽煙，一天只讓抽三根，所以你舅舅常常偷我的香煙抽。不過我沒人管，每天三包。」陳香梅這才恍然大悟，被鄧小平的幽默逗笑了。

陳香梅在會見中把雷根總統的私人信件交給了鄧小平。雷根在信中向鄧小平表示，美國的對華政策將保持不變。當陳香梅將這封英文信的內容翻譯給鄧小平聽時，鄧小平連聲說道「很好，很好」，並向陳香梅表達了希望雷根為中美關係做出新貢獻的立場。

1981年元旦，鄧小平在北京人民大會堂為陳香梅舉行歡迎宴會，讓陳香梅坐在第一貴賓的位置上，讓參議員史蒂芬坐在次席。鄧小平說：「陳香梅坐第一，參議員史蒂芬先生坐第二，因為參議員在美國有百來個，而陳香梅嘛，不要說美國，就是全世界也只有一個。」鄧小平的幽默和風趣逗得大家哈哈大笑。1981年1月2日，美國的《紐約時報》和《華盛頓郵報》等主要報紙都在頭版刊登了鄧小平和陳香梅握手的照片。

在陳香梅眼中，鄧小平讀書很多，對各方面消息都很關注，所以資訊很靈通。她還特意舉了一個例子：「他在1979年1月訪問美國時能隨機應變，非常了不起。你看他在德克薩斯戴上一頂牛仔

帽子，吃牛排，顯得非常適應美國的環境，展示了中國領導人的形象。」陳香梅說，鄧小平會見過數位在任和卸任的總統，如雷根總統於1984年和老布希總統於1989年訪華期間，鄧小平都與他們進行了會談，為中美關係的發展起到了非常大的作用。

北京之行結束後，陳香梅又來到台北，受到蔣經國的接見。陳香梅重新把雷根的外交政策講清楚：只有一個中國，這是個大前提！可是，對兩方面的意見我們都可以採納，都可以考慮，都可以聽。

記者問陳香梅說：「在這之前，凡是到過大陸的人，台灣方面不歡迎；接近台灣的人，大陸也不歡迎。您打破了這個僵局。台灣對您是什麼態度？」「對我很好！」陳香梅爽快地說，「因為他們覺得我做事情是大公無私，我也沒什麼要求，我就希望雙方能夠溝通，能夠接近，大家友好嘛！」

「當時台灣有人說，香梅，妳是不是投共了？」陳香梅聽後大笑，「是講笑話，是講笑話！」陳香梅又回憶說：「那時見鄧小平，鄧小平曉得我要到台灣去，他說，妳應該讓那些已經在台灣的人，讓他們回到大陸來探親，這是鄧小平提出來的。我到了台灣就對經國先生講，經國先生說『可以考慮』，他這個人還算滿開明的。後來，經國先生很快就宣布退伍軍人可以回到大陸探親。」

歸納而言，陳香梅與美國共和黨歷任總統交好，與中華民國政府也素有淵源，加上舅父廖承志為中共高層，故在1980年代大陸剛開放之初，陳香梅理所當然擔任起三地「特使」。1980年底雷根剛當選未就任前，她擔任特使赴北京與鄧小平會晤；蔣經國總統在位時，她力薦開放讓離家四十餘年的台灣老兵回大陸探親，並協助取得中共高層的默契。

可惜的事，陳香梅把政治和商務混為一談，1989年她不顧台北官方大員的一再勸阻和讓步，組織了一支包括台商在內的美國國

際合作委員會經濟貿易考察團到大陸訪問，覲見中共權貴，與鄧小平、楊尚昆等人談通商。有人說，這無異是她在台海兩岸政治評價的「最後叫賣」，從此利空出盡，一方面北京早已洞悉她在華府的利用價值逐漸褪色，另方面台北也恨透她的挖牆腳作法，開始相應不理，讓陳香梅陷入了「識時務」與「搞投機」的混沌之中。

三、鄧小平接見傅朝樞首次提出「一國兩制」

緊接著，鄧小平於1981年8月26日在北京會見港台知名人士傅朝樞時，首次公開提出解決台灣、香港問題的「一國兩制」構想。

鄧小平說，和平解決台灣問題，可以採取獨特的模式，社會制度不變，台灣人民的生活水準不降低，外國資本不動，台灣可以擁有自己的武裝力量。即使武裝統一，台灣的現狀也可以不變，台灣作為中華人民共和國的一個省、一個區，還保持它原有的制度、生活。中共十分願意、十分贊成國共第三次合作，中國這件事要台灣海峽兩岸的領導人和人民來決定。希望台灣的領導人眼界放寬點、看遠點。統一中國，是中國人民的希望，是中華民族的希望。

傅朝樞是何許人？一般讀者恐不甚了了。

傅朝樞（1926年-2002年1月29日），又名曼平，中國江西省修水縣三都硿口（今太陽升鎮三甲店村）人。早年曾在山西省軍政領袖閻錫山處工作，1946年赴台灣。

1976年8月，時為律師的傅朝樞接掌夏曉華的《台灣日報》，任董事長。因為向台灣省政府財政廳借錢不遂，《台灣日報》與黨外運動人士聯手批評政府，引起當局不滿。1978年8月，國防部總政治作戰部授權黎明文化以新台幣2億元收購《台灣日報》，並允許傅朝樞全家結匯新台幣5億元匯往香港。

傅朝樞1980年轉赴香港創辦《中報》及《中報月刊》，開張首

日邀請了新華社、人民日報、大公報等要員參加慶祝酒會。新華
社香港分社社長許家屯證實，北京通過新華社香港分社資助傅朝樞
的《中報》。1987年4月21日，香港《中報》宣布停刊。傅朝樞離
開台灣之後，多次前往中國會見政要，1981年8月26日，在和中共
領導人鄧小平會見時，鄧小平提出解決香港、台灣問題的「一國兩
制」方案，是一國兩制概念首次公諸於世。

傅朝樞1982年又在美國創辦《中報》。台灣認為《中報》是中
共統戰工具。美洲版《中報》因在1989年5月支持鄧小平鎮壓北京
學運，遭編採人員集體辭職抗議，讀者和廣告客戶也群起杯葛，導
致銷路和收入都大跌，同年9月16日宣布停刊。傅朝樞2002年1月29
日病逝於紐約長島，享年76歲。

傅朝樞為何從台灣到香港辦報？曾與他合作過的陸鏗，在他的
《陸鏗回憶與懺悔錄》有生動的交待：

「時間是1979年，自稱出身律師，在台灣曾經營《台灣日報》
的傅朝樞，挾重金從台灣到了香港，他中心繼續其在台灣鑽營拉
攏、怪招疊出的手法，到香港『大展鴻圖』，先說服台灣有關方
面准予自台結匯出550萬美元，在香港創辦以『中報』為名之民營
報紙，並向其在台當道友人表示，要以中間面貌為國府反共復國效
力。」

由於《中報》於1980年帶於香港標榜「不左不右，允執厥
中」，是個新事物，而且香港社會風聞傅朝樞挾重金到港，大展拳
腳，他又從《明報》挖走了鼎鼎大名的總編輯胡菊人，胡菊人又找
了陸鏗這個被國民黨和共產黨都視為異端的記者作搭檔，因此這個
報尚未出版就引起各界的重視。創刊第一天銷路6萬份，這在香港
來說，也是空前的紀錄。

可惜，好景不常。出報之始，就遇到了政策上的衝突。據陸鏗
回憶：「老傅所擁有的黃金美鈔，再投胎五次也用不完！他先在台

中辦《台灣日報》興隆一時，終被經國強迫收購。他挾鉅資先去香港，後到紐約，又辦起《中報》來，儼然是台灣《聯合報系》的勁敵，海峽兩岸都不敢小覷。其所以然者是傅老闆此君雖獨裁專制，但是知人善任。重金禮聘之下，所網羅的包括胡菊人、陸鏗都是一時豪傑。他們如能和衷合作，對兩岸三地真是無堅不摧。但是他們就是不能『合作』，更不能『和衷』。其所以然者，便是一個要當老闆，一個不願當夥計」。

陸鏗說，像傅這樣的角色，卻是第一次遇見。難怪國民黨、共產黨都要心甘情願地為他獻金，成為海峽兩岸關係中的一個特殊的「傅朝樞現象」。中共為了對台統戰，飢不擇食，聽傅朝樞胡吹一通，竟信以為真。不僅供給近2千萬美元外匯（陸鏗得自新華社香港分社社長許家屯的親口證實，因為許本人便是經手人之一），1981年還由鄧小平接見，新華社報導時稱傅為「台灣名流」，香港新聞文化界為之譁然。繆雨在《東方日報》指出，「張三李四，阿狗阿貓，炒家撈家，九流政客，超級龜公，皆說成名流，鄧副主席都樂於會見，握手言歡，合影留念。」徐復觀更引王安石〈讀孟嘗君傳〉一文評中共統戰：「雞鳴狗盜之出其門，此士之所以不至也。」據悉，北京後來亦承認，大量外匯供傅朝樞揮霍，實為「敗筆」。而傅能把海峽兩岸兩個政權都騙倒，正是動亂時代的一個邪門的表徵。

四、陸鏗的傳奇一生

陸鏗，號大聲，筆名陳荊蓀，1919年7月生，雲南保山人。他的一生充滿傳奇。1940年，他已當上中國國際廣播電台助理編輯兼播音員。在第二次世界大戰時，成為中國派往盟軍總部的戰地記者，曾到過希特勒的總理府辦公室，後來出任中國國民黨《中央日

報》代理總編輯兼採訪主任。1947年，他揭露孔祥熙和宋子文兩家
公司利用特權賺取豐厚外匯，得罪了蔣家，蔣介石親自逼他講出消
息來源，作為記者要保護消息來源，陸鏗不但始終沒有透露半句，
而且在蔣面前慷慨陳詞，終於保住自己未受處分。

　　1949年雲南已由中共解放軍控制，但陸鏗卻乘坐雲南省主席盧
漢小舅子運鴉片的飛機到昆明，希望可以接回家眷，結果被中共關
在獄中4年。其後在大陸反右運動，又被關了18年。到1978年再次
從獄中出來時，中共為了落實政策，同意他到香港辦傳媒，當時便
與胡菊人合辦《百姓》半月刊。

　　陸鏗曾於1981年來過台灣，但因撰寫過把蔣經國和鄧小平相提
並論的文章，以及為文建議「蔣經國先生不要連任總統」的主張，
被列為黑名單，情治單位認定他是中共派出來的間諜，對台負有特
殊任務。陸鏗其後移居美國，但還當記者。1996年，李登輝總統回
美國母校康乃爾大學訪問時，曾引起大陸方面極度不滿。年屆78歲
的陸鏗，仍像一匹永遠奔馳的野馬，追到綺色佳，寫出〈李登輝訪
美的八得二失〉等一系列精彩文章，有聲有色。

　　陸鏗體型高壯，聲音宏大，下筆更快，著有《麥帥治下的日
韓》、《胡耀邦訪問記》、《風雲變幻下的鄧小平時代》、《人間
佛教的星雲》、《中國的脊樑——梁漱溟紀念文集》、《鄧小平的
最後機會》、《陸鏗看兩岸》和《陸鏗回憶與懺悔錄》等書，以內
容和時代脈搏緊扣而感人，令關心國情和兩岸關係者不能不讀！

五、胡耀邦接受訪問，引起軒然大波

　　1985年5月10日，中共中央總書記胡耀邦在北京中南海接受陸
鏗的訪問，交談兩小時，結果引起了軒然大波。

陸鏗在訪問後於《百姓》發表了兩萬字的〈胡耀邦訪問記〉，不料這篇訪問，成為1987年胡耀邦下台的三大罪狀之一。按〈胡耀邦訪問記〉，約分六個部分：台灣問題、人事安排、軍隊問題、鄧力群與胡喬木、新聞政策、人權問題。胡在談台灣問題時，承認中共如對台用武，還沒有力量。

他說：「國際上誰都知道我們沒有力量。」甚至透露：「連封鎖力量現在也還不夠！」其次他又說：「再七、八年，上十年，我們經濟上強大了，國防的現代化也就有辦法了，台灣的廣大人民要求回來，就是你那個少數人不願意回來，那對你就要帶一點強制性了。」

據陸鏗解讀，這一段話，可視為中共武力犯台的規劃，不僅台灣反應強烈，蔣經國1985年視察金門時，特別提到胡耀邦對記者發表談話，毫不隱瞞要對台動武，號召軍民提高警惕，加強戰備。連外國通訊社也將它解讀為中共準備對台動武。美國國務院以最快速度，於《百姓》上市的6月1日先將〈訪問記〉中有關台灣部分及時譯出，接著又於6月3日由聯邦廣播資訊服務處（FBIS）全文譯出，並刊載於國務院發行的《每日報導》（Daily Report）。美國國務院並通過外交途徑為此而向北京當局表示關切。他們質疑：鄧小平在1984年10月1日中共建國35周年北京閱兵時，還信誓旦旦說要和平解決台灣問題，為何事隔半年，胡耀邦就表示要動武呢？

陸鏗事後回憶，胡耀邦在談到台灣問題時給人的總印象，仍是希望中國和平統一，而外國記者捕風捉影，因而引起軒然大波。事實上，北京領導人也曾私下向翟文伯（第三世界會議基金會主席）表示，那只是胡個人的意見，且是在非正式場合說的，請台灣放心，和平統一政策不會改變。

（資料來源：請參照書末之主要參考書目）

第九章：中央研究院院士的中國情結

　　中央研究院於民國17年（1928）成立於南京，為一獨立的學術研究機構。從民國37年（1948）選出第一屆院士81人至遷台以後所選出的歷屆院士，大多為旅美學者專家，他們早年多出身國內著名大學，如西南聯大等校，在大陸仍留有親人或眷屬，或保有師友關係等網絡，其對中國仍持有情結，本屬人情之常。但本文所要敘述的則是超乎親情之外的個人價值取向或政治選邊站的一種搖擺人態度。我們不強求一個知識分子一定要做到「板蕩識忠臣，時窮節乃見」的高風亮節，雖然戰爭的苦難會轉移人的心志，但無論如何，個人的良知和風骨仍是人之所以為人的核心價值。

一、楊振寧的「歸根反思」

　　提起楊振寧大名，可以說無人不知，誰人不曉，1957年楊振寧與李政道因為「宇稱不守恆」理論，成為率先獲得諾貝爾物理學獎的中國人。當時，中共曾費盡心機，企圖將這個崇高的國際學術榮譽，變成他們的政治本錢。

　　楊振寧，1922年9月出生，是安徽合肥人。父親楊克純（武之）曾留美，獲芝加哥大學數學博士，太太杜致禮是國軍名將杜聿明的長女，兩人在普林斯頓交往而結婚。楊振寧先後任教於芝加哥大學、普林斯頓高等研究院、紐約州立大學石溪分校、香港中文大學、北京清華大學等校，在美國物理學界被公認為頂尖的幾位理論

物理學家之一。

1971年開始，楊振寧也是最早由美國到中國去訪問的華裔科學家。頂著諾貝爾獎得主的桂冠，他是中國最高領導人的座上嘉賓，大陸媒體稱頌他對祖國的偉大貢獻，科學界人士也普遍對他極為敬重。

1971年9月21日，他在紐約州立大學石溪分校做了一次演講，題目是「我對中華人民共和國的印象」。楊振寧四個星期的大陸行，完全改變了他對中共的看法。因為70年代之前，他的立場非常清楚，那就是反對中共、親近台灣。

這次的中國行，楊振寧特別強調：「中國的變化最重要的一點，也是最值得中國人自豪的一點，就是精神！」他全面肯定文化大革命的成就，認為「文化大革命的三大原則是：一、教育群眾為全國人民服務，而不是訓練特權階級為他們自私的目的而工作；二、理論與實踐相結合，三番四次申明哲學的新方法是廢除傳統的刻板的教育方式；三、學生決不能用蛀蟲方法學習，而提倡用一種有創造性的與最實際的方法來學習。」

楊振寧的這次演講內容，香港七十年代雜誌社曾將全部過程印成單行本，長達31頁，在此無法詳述。最主要的是，他對其大陸見聞強加解釋，報喜不報憂，吹捧農民，吹捧工業之外，對大陸醫學的進步也讚不絕口。他推崇「小紅書」（毛語錄），對大陸在文革期間最常見的兩句口號「為人民服務」及「中國應對人類有較大的貢獻」備極讚揚並深受感動。他參觀了八達嶺長城，說出長城「象徵著歷史上中國一統的觀念」。其後，他更暗喻：「在世界人民心中只有一個中國，在中國人民心中只有一個中國，。合則盛，分則衰。」

有一位來自台灣的張姓留學生，曾在紐約州大石溪分校的禮堂聽過楊振寧的演講。楊歌頌「新中國」的種種成就，讚揚大躍進與

文革，對台灣的經濟起飛嗤之以鼻，對老蔣更是批得體無完膚。就像他在1978年底刊在《紐約時報》上的廣告內容一樣，他說中華民國早已滅亡，台灣是中國尚未解放的一個省，國府在台灣以高壓統治老百姓，娼妓遍地，貪污舞弊，民怨沸騰，經濟繁榮只是假象。張姓學生聽了一片醜化中華民國政府的言論，曾經當場提出抗議，然後轉身走出禮堂。

二、楊振寧等推動美中建交

從1971年開始到1973年，楊振寧前後回中國大陸四次，他之所以歌頌「大躍進」、「文化大革命」，都是出於對毛澤東的崇拜與擁戴，再加上每次去中國大陸，每次都蒙毛澤東寵召。為了報答毛召見之恩，他曾經說動了他認識多年的李政道、新科諾貝爾獎得獎人丁肇中、李遠哲一齊到中南海拜見毛。四位得獎的美籍華人，一同排在毛的的面前聽訓。

愛毛成痴的楊振寧，最痛苦的莫過於1976年9月9日毛澤東的逝世。當消息傳到美國，楊振寧悲痛甚於喪父，據接近楊的學生說，楊曾痛哭流涕，大呼：「我們怎麼辦？中國豈能沒有毛主席領導！」毛死後十天，楊振寧在紐約市亨特大學大禮堂舉辦了一個悼毛大會，把美東各式親共愛毛的華洋人士通通請來，一同為毛哭泣。在那次悼毛大會上，楊振寧上台以悲悽的聲調朗誦毛詩詞，重提毛的革命功業與治國成績，最後在台上放聲大哭，並高呼其為「偉大領袖」、「舵手」。據說，當場所有參加追悼會的華洋人士個個被楊感動到熱淚盈眶，紐約華人對此念念難忘。

楊振寧在美國對中共所做的重大貢獻，應該是1978年推動美國與中共建立外交關係，要美國承認中共政權代表中國。為了展開工作，他在年初成立了「全美華人協會」，自任會長，把70年代與他

一同或先後進入中國大陸的美籍華裔學者弄在一起，請他們在一項敦促美國與中共建交的聲明上簽名，然後花八萬多美元在《紐約時報》上刊登全幅廣告！

與楊振寧合作且極端親共的芝加哥大學教授何炳棣，是促進中共與美國關係活動的急先鋒。當卡特政府國家安全事務顧問布里辛斯基（Zbigniew Brezinski）召見美籍華裔學人聽取意見時，何炳棣奮身而出，主張美國立即拋棄台灣，不必理會什麼中華民國而承認真正代表中國的中華人民共和國，並說這是一件刻不容緩的事情。1979年1月，美國終於不理會台灣方面的反應，與中共建立了外交關係。事後，卡特總統透露，早在1977年，也即美國承認中共的前一年，曾收到一封由楊振寧領銜，陳省身、何炳棣、任之恭等人連署簽名的請願信，要他在任內與中共政權建立外交關係。

2003年10月，與楊振寧廝守五十四載的元配杜致禮因病去世，2004年楊振寧與小他54歲的廣東籍姑娘翁帆結婚，82 vs. 28的忘年之戀，一時傳為佳話。

三、李政道與鄧小平的交往

李政道，1926年出生於上海，祖籍江蘇蘇州，父親李駿康是金陵大學農化系首屆畢業生。李政道曾在蘇州東吳大學附屬中學、江西聯合中學等校就讀。因抗日戰爭，中學未畢業。1943年在貴陽以同等學力考入遷至貴州的浙江大學物理系，走上物理學之路，師從束星北及王淦昌等人。1944年，日軍進入貴州，浙江大學停學。1945年轉學到在昆明的西南聯合大學為二年級生，師從吳大猷及葉企孫等人。吳大猷評價在西南聯大就讀時的李政道說：「每日來我處，要我給他更多的閱讀物和習題，求知心切真到了奇怪的程度」，「我無論給他怎麼難的書和題目，他很快就做完了，又要來

索要更多的。」

1946年赴美進入芝加哥大學，師從恩里科・費米。1950年獲得博士學位之後，與合作者一起從事統計物理的相變以及凝聚體物理學的極化子的研究。1953年，他任哥倫比亞大學助理教授，主要研究工作是在粒子物理和場論領域。1958年，李政道當選中央研究院第二屆院士，年僅32歲，至今仍為最年輕當選的院士。

李政道於1962年加入美國國籍。自從1970年代初，他和夫人秦惠䇹開始回中國大陸訪問。他向有關方面建議重視科技人才的培養，重視基礎科學研究，促成中美高能物理的合作，建議和協助建立北京正負電子對撞機，建議成立自然科學基金，於1980年代設立CUSPEA考試，對優秀大學畢業生提供獎學金赴美攻讀物理學博士；建議建立博士後制度。

1974年，年輕的李政道回到中國並受到了毛澤東的接見。在會面當中李政道建議毛澤東參考中國體育對運動員從小培養的模式成立大學少年班，對中國的少年天才進行科學培養。這一建議受到了毛澤東的點頭同意，不久之後在中國科學技術大學成立了中國第一個大學少年班。

李政道特別稱道，「小平先生對中國的貢獻，對全人類的貢獻，都是非常偉大的。」他最佩服鄧小平的，是他眼光很遠大，非常廣闊。在〈回憶與小平先生的交往〉一文中，李政道做出如下的忠實回憶：

第一次見到小平先生，是在文革中的1974年，那是我從1946年出國讀書後第二次回國。

第二次見到小平先生是1979年在美國，在那次中美間高級領導人的會晤中，科技合作是很重要的方面，高能物理方面的合作被寫進了雙方協議中。

以後每年我回國幾乎都見到他，每次談話都很親切和直截了

當。他熱愛祖國，關心祖國科學和教育事業的發展，他謙虛而又果斷的作風給我留下了深刻的印象。

李政道與鄧小平對談的，都是中國高科技發展的問題，以及派遣大批的學者和學生到美國各大學做「博士後」的計畫。這些計畫都因有鄧小平的贊同而得以落實，所以李政道對鄧小平有幾點總評價：

一、鄧小平是非常有遠見的，處處從基層著手，面向全局，一方面注意人才，注重全局性的發展，這是了不起的。香港回歸也是鄧小平的偉大戰略決策。

二、鄧小平一直重視發展科技與教育，這似乎與他青年時期留學法國的經歷不無關係。

三、鄧小平對中國的貢獻是中國歷史上幾位領袖中數一數二的。

四、鄧小平最主要的貢獻是，把全中國人民的生活改善了，而生活的改善與教育和科技的發展是分不開的。

四、學術圈孤鳥何炳棣的兩岸糾葛

有人說，抗戰期間，北大、清華、南開遷到昆明成立西南聯大。聯大八年，培養出一大批星光燦爛的傑出人物，自然科學家有楊振寧、李政道、華羅庚等；社會人文學者有何炳棣、吳　、殷海光等。在極為艱難的環境裡，湧現出來的人才比三校前十年、前廿年的總和還要多，因為西南聯大集合了全國學人的菁英，這是中國現代教育史上的一個異數。

何炳棣（1917-2012），原籍浙江金華，出生於天津，南開中學、西南聯大畢業後，負笈美國哥倫比亞大學獲哲學博士（1952），先後任教加拿大英屬哥倫比亞大學和美國芝加哥大學歷

史系，著有《中國會館史論》（台北：學生書局，1966）、《明清人口論》（*Studies on the Population of China, 1368-1953*）、《明清社會流動史論》（*The Social Ladder of Success in Imperial China: Aspects of Social Mobility*）及回憶錄《讀史閱事六十年》（允晨叢刊，2004）等書，1966年當選中央研究院院士。

何院士做學問十分嚴謹，講求史料的詳實，其見解也頗為超俗，但因為性情剛烈，且恃才傲物，因此結怨樹敵甚多，頗有懷才不遇之感慨。文人相輕，他看不起許倬雲院士，也罵考古學家張光直是漢奸（或因父親張我軍關係），於余英時院士亦頗有意見，更批評新儒家杜維明教授的治學方法，故成為國內外學術圈的孤鳥，洋朋友不多，中國學者亦保持敬而遠之的態度。

1968年2月初，何炳棣在返美之前，路過新加坡作演講，內容有兩點爭議：一謂孔子的「有教無類」即是共產黨思想；二說傳統科舉制度具有一定程度的社會「公道」，這與國民政府當政二十二年期間的政權一黨獨攬和孔、宋的貪污盜國，適成一鮮明的對照。當時的《新聞天地》發表評論，認為他是攻擊國民黨政府，引起蔣中正總統向時任中研院院長的王世杰質問。何炳棣在自傳中雖聲稱媒體「歪曲事實」來自我辯護，但也因此和中研院「中斷連繫達二十二年」。

何炳棣在新加坡攻擊國民黨政府並涉及蔣先生的言論案，3月1日提交總統府宣傳外交綜合組會議討論，會中有人主張開除何之院士名義，王世杰身為院長並不做任何提議，僅表示政府採取任何步驟之前，宜先考慮該項步驟能否發生預期之效果及其反響。當場張群（岳軍）秘書長以為然，故暫未做決定。3月23日，中研院評議會為此特召開座談會，商討何炳棣言論事，大家以為不宜作公開之斥責。4月9日，王世杰面見蔣先生，陳明評議會不做公開斥責的結論，蔣先生允諾所請。

　　1971年何炳棣、楊振寧兩人自大陸訪問返美後，發表公開言論，為中共宣傳。翌年4月12日，中研院院長錢思亮邀請閻振興、葉公超、陳雪屏、沈剛伯等多位評議員餐敘。眾意以為此事若由中研院或政府採取任何公開的制裁或譴責性表示，徒使彼等成為英雄，於國家或中研院均為害多於利。最後僅由錢思亮院長提出，留美院士勿發表同情中共言論並去大陸訪問，而這樣的勸告並無效果。

　　1977年2月間，何炳棣和楊振寧、陳省身、趙元任、牛滿江、任之恭、張捷遷七位院士在紐約連署廣告，主張美國應正式承認中共政權，放棄台灣。5月2日，《中央日報》發表社論，主張清除與中共勾結的「叛國院士」。前院長王世杰對錢思亮院長之優柔寡斷，迄無公開表示，極不以為然，一再坦率指責，心情十分憤悶，甚至以辭去評議員及院士名義相威脅。至1979年，美國和中國大陸建交為止，中研院始終沒有對七院士發表公開譴責或聲明。

　　　　　　　　　　　（資料來源：請參照書末之主要參考書目）

第十章：兩岸調人李光耀促成
辜汪會談

一、「傳話者」李光耀的光芒一生

被譽為「新加坡國父」的前總理李光耀（1923-2015）於今年3月23日病逝，享年91歲。

新加坡的現代史離不開李光耀這一響亮的名字，他在1959年初任新加坡首任總理，1990年卸任，領導新加坡長達31年，2011年5月退休前，他擔任內閣資政，這個職位是專門為他而特設的。60年來，他一直備受矚目，既是帶領新加坡邁向獨立的革命領袖，又是締造新加坡經濟奇蹟的堅毅總理，後來則扮演著政壇元老的角色。在年輕的新加坡人眼裡，他的「國父」身分有如另一個年代的神話人物，冷淡而孤傲，令人又敬又畏。馬英九總統推崇李光耀，一生高瞻遠矚，為政清廉，處事明快，勤政愛民，將新加坡小國打造成世界一流國家，是令世人懷念的卓越領袖。中國國民黨主席朱立倫說，李光耀是「看見未來的先驅」，新加坡在其領導下創造經濟奇蹟，也在國際政治上扮演了重要的角色。

兩岸華人，最感念他的是，他穿梭兩岸促成了歷史性的「辜汪會談」，對於兩岸的和平發展有著重大貢獻。

二、李光耀預言：兩岸終將統一

李光耀自1976年首次訪問大陸至今，共到過大陸33次，並與大陸五代領導人均有交往。1976年5月，李光耀首度率團訪問大陸，主要與華國鋒會談，並受到毛澤東的接見。那時，毛澤東似乎罹患柏金森症，精神和體力都很虛弱，不只說話有困難，腦筋也不靈活了。此後他多次訪問大陸。1978年10月鄧小平到新加坡訪問並與李光耀見面，鄧小平很驚訝於新加坡的成就，並承認對方實行的對外開放，引進外資的方針是對的。李光耀當面表示，希望大陸停止革命輸出，也即「停止馬共和印尼共在華南的電台廣播，停止對游擊隊的支持」。在李光耀多次的訪問中國與鄧小平會談中，鄧小平知道，李光耀和蔣經國是好朋友，曾要求傳達他個人對蔣的問候，希望能和蔣經國合作。一個月後，李到了台北親自向蔣經國傳達鄧小平的口信，蔣靜靜地聽著，沒有答腔。鄧小平也十分關心，蔣經國是否已經做好自己百年之後的人事安排。

2007年習近平升任中央政治局常委後，接見的第一位外賓正是李光耀，李光耀對習近平頗為讚賞，認為他是一位「很大氣，思想有寬度的人」。

李光耀關於中國未來有九大預言，茲簡要說明如下：

（一）中國在西太平洋的對抗終將占上風

李光耀認為，中美兩國爭奪亞太地區主導權的競爭已經開始，而中國最終將把美國趕出12海浬的領海乃至200海浬的專屬經濟區。屆時，中國將成為區域大國。

（二）中美並不是美蘇的零和遊戲關係

很多人認為，美國重返亞洲是要防堵中國，可是李光耀認為，中國與蘇聯不同，中國過去苦了這麼多世紀，志止於國家利益，不

是要改變世界。

（三）日本正慢慢「走向平庸」

李光耀早在1996年就預測中國經濟將超越日本，而中國很快地就實現了這個預言。日本2010年名義GDP比中國少4044億美元，中國正式成為第二大經濟體。

（四）戰後出生的日本人若掌權，日本或自行發展軍力

李光耀曾說，「日本戰後出生的一代人於15至20年後掌權時，日本中斷與美國盟約，而自行發展軍力的可能性不能被排除。」正如這番話所言，日本首相安倍晉三推動的集體自衛權解禁，可以說就是日本脫離和平憲法的第一步。

（五）黑龍江兩岸將重新住滿中國人

李光耀認為，俄羅斯烏拉山以東地區的經濟和人口增長持續停滯，整個遠東地區閒置著大量土地，如果俄國沒有採取措施，該地區將成為中國的「原材料附庸」。目前已有至少20萬的中國人在俄羅斯遠東地區生活，未來將只多不少。

（六）印度會成為軍事大國，但經濟不會繁榮

李光耀2005年曾說印度將超越中國，但4年後他又明確對記者說，「我收回之前對對印度的樂觀判斷。」他批評印度「尚空談，少實幹」，基礎建設落後、語言不統一、還有種姓制度，這些都將根本性地制約印度的發展能量。

（七）兩岸統一只是時間上問題

當有人問，「台灣內部民調顯示，支持獨立比支持統一的人更多」，李光耀直言，這樣的民意取向毫無意義，因為台灣是中國的核心利益，對美國則不是，假如台灣獨立，中國就會動武。

（八）習近平「應該屬於曼德拉級別的人物」

李光耀2007年11月訪華，對習近平留下了深刻的印象。他說，「習近平的大氣讓我印象深刻。他視野廣闊，看待問題深刻透徹，

但又絲毫不炫耀才識。他給人的感覺很莊重。這是我對他的第一印象。我想，他應該屬於曼德拉（Nelson Mandela）級別的人物。」

（九）中國未來「很難預測」

關於中國目前的政策走向，李光耀表示這「很難預測」，中國正處於關鍵時期，我相信習能領導好中國共產黨，且他的軍隊背景使他在軍中同樣有很高威信。

三、兩岸統一時間無法預測

在《李光耀觀天下》一書中，李光耀對中國大陸著墨甚深。而關於台灣方面則說得很少。不過，關於兩岸的未來發展，李光耀則特別強調「台灣與大陸的重新統一是時間的問題，這是任何國家無法阻擋的。」因為「事實上，台灣的國際命運早在1943年的開羅會議上就被確定了。當時的羅斯福、邱吉爾和蔣介石，就台灣回歸中國達成了協議，李登輝當總統時，他發起台灣化進程，強調該島脫離中國，但是這不會改變最終統一的結果，這樣做只能使台灣人在重新統一實際發生時更加痛苦。經濟將會解決這個問題，逐步和不可阻擋的經濟整合將把這兩個社會連結在一起，中國將體認到沒有使用武力的必要，雙方的經濟關係在馬總統上台後一直在發展，在今後四年內還將繼續發展。在國民黨統治八年後，假設民進黨上台要改變政策，台灣的農民和企業家會感到痛苦，民進黨既會在下屆或再下屆選舉中落選。兩岸不斷發展的互相倚賴關係，將使台灣無法實現獨立。」

李光耀雖認為，兩岸統一只是時間問題，但時間無法預測。他呼籲大陸要耐心等待；

如果使用武力，就是在殺害自己的族人，那不但對中華民族是非常大的打擊，也將重重影響未來大陸與台灣之間的關係，因為動

武並不符合中國利益。

四、李光耀與台灣的情誼

李光耀在回憶錄中有一章專談與台灣的交往。台灣早年因為外交孤立而渴望與新加坡建立聯繫，而新加坡則為了擺脫在軍事訓練上完全依賴以色列，所以向台灣求助，雙方因此展開了四十年的軍事合作關係。

1973年5月，在刻意保密下，李光耀應國安局長王永樹的邀請來台，見到了行政院長蔣經國、外交部長沈昌煥等人，他特別記得，「蔣經國講英語結結巴巴，一口濃重浙江口音的華語教人不容易聽懂。還好他能理解我說的英語，加上我也會說華語，雙方在無須通譯的情況下交談。」李光耀向主人保證，「新加坡決不會成為中共的特洛伊木馬。」

翌年12月，李光耀再度訪台，蔣經國親自安排活動行程，從此建立了深厚情誼，李光耀評價蔣經國，「沉默冷靜，從不擺出思想家的模樣，但是想法務實，社會知識豐富，很善於看人。他的確保留在身邊的都是可靠之士，隨時願意坦誠提出己見，那怕是逆耳的忠言。」

從此以後至1990年間，李光耀每年平均訪台1至2次，來台次數超過25次，締造外國領導人訪問中華民國的最高紀錄，最後一次訪台是2011年3月。蔣經國1988年過世，李光耀親率全體內閣閣員來台北悼唁。

李登輝1988年繼任總統，1989年3月出訪新加坡，當時新加坡媒體為避免引起中共的反應，以「來自台灣的李總統」稱呼他，並未稱他為「中華民國總統」，李登輝留下這句「雖不滿意，但可以接受」的名言。

1990年李登輝當選總統後，李光耀更成為穿梭兩岸的重量級人物，包括1992年李光耀親銜楊尚昆的口信來台以及促成1993年4月選擇新加坡為「辜汪會談」的地點（容第五段再述）。不過，李光耀和李登輝在1994年因為「話不投機」而鬧翻，這段雙方較惡的轉折，鄒景雯執筆的《李登輝執政告白實錄》有詳細的交待，在此無法贅述。

在李光耀的眼裡，李登輝「充滿自信，博學，熟知一切自己感興趣的課題，卻因為台灣遭受孤立而無法理解世界領袖為何不能像日本一樣同情台灣的處境。他視日本的同情和支持對台灣至為重要。他也深信，只要遵照美國自由主義者和美國國會為民主與人權所開的藥方，美國必定會抵禦共產中國而保護他。」

據維基解密網站公佈的美國密電披露，2007年李光耀與美國亞太事務副助理國務卿柯慶生會面時，曾批評前總統陳水扁是「賭徒」，可能會「孤注一擲」推動台灣獨立。至於馬英九，李光耀在2008年接受台灣媒體訪問時，針對馬的期待時表示：「我們必須看看他在發生危機時如何回應，那才是領導人受到試煉的時刻。」一直要到2011年，李光耀才又再度訪台與馬英九總統會面，並稱讚馬英九「不統、不獨、不武」的兩岸政策，認為對兩岸和區域和平都有利。

五、辜汪會談在新加坡

20世紀80年代後期，海峽兩岸關係發生了重大變化，長期隔絕的局面開始鬆動，台灣同胞赴大陸探親、旅遊、經商的人次一年比一年增加，兩岸經貿關係迅速發展，台胞在大陸的投資急遽增長。進入90年代，在李登輝就任總統初期，隨著兩岸海基會、海協會兩個機構先後成立，兩岸事務性的商談，更有突破性的進展，最後完

成了歷史性的辜汪會談。

　　據海基會前董事長兼秘書長邱進益《我和新加坡的情緣》一書回憶，當1990年兩岸確定海基會與海協會領導人的「辜汪會談」，對於地點的選擇，雙方頗有歧見。台灣方面堅持對等，一定要選在第三地，對岸其實最先提出的地點是香港，但台北方面認為香港即將於1997年回歸大陸，對岸再提出東京，後又因種種不合適的原因而排除。

　　後來在國民黨內部高層會議中，大家考慮結果，咸認何不把人情做給李光耀，除了回報他奔走兩岸的人情和充作調人的苦心外，再加上新加坡正是第三地，距台灣最近，而且對我友善，又是華人社會，更可突顯此舉是華人的事情。在獲得李登輝總統的同意後，邱進益奉命密訪新加坡會見李光耀。

　　根據中央社透露，當時李光耀聽了很開心，表示很榮幸能作為辜汪會談的東道主，但他也指出，新加坡扮演的角色僅是提供場地和設備，不參與兩岸事務討論。李光耀畢竟是政治人物，言下之意，萬一兩岸會談擦出火花，新加坡不會捲入，也不會當調解人。這是李光耀高明的地方，卻也是務實的一面。

　　會談的過程雖有波折，但會議的成就獲得雙方政府與領導人的高度肯定和國際媒體的一致好評。

（資料來源：請參照書末之主要參考書目）

第十一章：星雲大師的兩岸佛緣

一、何必掛懷「政治和尚」？

提起佛光山的星雲大師，外界有人給他扣上一頂「政治和尚」的大帽子。這有些冤枉，也可能言過其實。星雲自忖，他一生沒有從事過一天的政治活動，也不想當官，但為何被戴上「政治和尚」這頂帽子，主要因為當年黨外人士不滿他親近國民黨。事實上，具有大眾性格，廣結善緣的星雲，因為徒眾多，影響力大，自然成為政界青睞拉攏的對象。

中國國民黨在12全會時聘他為黨務顧問，13全會又給他一個「評議委員」的頭銜，因緣際會，星雲也有機會組團或應邀到大陸探親弘法，於是有媒體開始抨擊，具有中評委身分的星雲豈可赴大陸？有的猜測他為台灣當局帶信傳話，有的說這個「外省和尚」是回去被統戰的，也有人批評他在大陸採「銀彈攻勢」。總之，人怕出名，水漲則船高，一切的批評，只能概括承受，何必掛懷？

二、廣結善緣一大師

星雲大師，1927年出生於江蘇江都，俗名李國深。12歲那年，

隨母親至南京尋父，於棲霞山寺披剃出家，法名悟徹，號金覺。
1948年，隨僧侶救護隊來台，於基隆下船，被誣為匪諜，與慈航法師等人一同被捕，入獄23天。翌年受妙果老和尚收留，落腳於中壢圓光寺。1954年，駐錫宜蘭雷音寺。1964年，高雄壽山寺落成，創壽山佛學院。1967年，佛光山創建。壽山佛學院更名為「東方佛教學院」。1977年，創辦普門中學，1988年，西來寺落成。1990年，西來大學成立，1993年，佛光大學破土，1996年創辦了南華大學，2011年於澳洲設立南天大學。

「未成佛道，先結人緣」，佛光山能有今天，與星雲的廣結善緣，誠意結下的朋友緣、信徒緣，緣滿天下緊密攸關。正如星雲為佛光大雄寶殿親題的一幅對聯：

> 十方來，十方去，共成十方事；
> 萬人修，萬人捨，同結萬人緣。

在政治這條路上，星雲雖不想沾，但政治卻找上門來，讓他既捧不掉，也躲不開，並蒙受不少不白之冤，這真是「歡喜做甘願受」了。在這裡舉幾件事例與讀者分享。

1994年，台灣舉行首屆台灣省長民選，曾經擔任國際佛光會中華總會長、吳家一代都是佛光人的吳伯雄，有意出馬競選，而且信誓旦旦地表示，那怕台灣省只剩下一個阿里山，他也要競選到底。星雲知道後對他說，兩虎相爭必有一傷，果真有心為民服務的話，什麼不可做，為什麼一定要選省長呢？並勸他：「人生不一定要做老大，做老二也有老二的妙處，退一步則海闊天空。」最後，在老父吳鴻麟的勸說下，吳伯雄終於欣然同意退讓，國民黨中央至此也鬆了一口氣。這是吳伯雄展現了不爭的風度，而星雲大師的「老二哲學」也適時發揮了作用，勸退了吳伯雄。

1996年，台灣舉行首次全民直選總統，當時有四組人馬競逐，第一組有中國國民黨提名的李登輝與連戰；第二組是代表民進黨的彭明敏與謝長廷；第三組是自由參選的林洋港與郝柏村；第四組是沒有政黨加持的陳履安與王清峰。由於陳履安是佛光山的弟子，更是一位佛教徒，星雲義不容辭的發動佛光會員為陳履安所必須的四十萬人連署而努力盡心，並在道義上支持。後來陳氏並未當選，有人擔心李登輝會不會挾怨報復？或許星雲並沒有公開為陳履安站台，掌權者也就既往不究了。

1998年台北市長選舉時，國民黨需要一個強棒出來和競選連任的陳水扁對決。那時，大家都認為黨裡形象最好的是馬英九，希望拱他出馬來競選，但馬英九卻始終不願意。連戰當時是副總統，為此拜託星雲，希望他參加勸說的活動，說服馬出來參選。星雲記得二人在一間小房子裡對談了幾個小時，最後，馬英九終於接受國民黨的徵召，出馬競選台北市長，並且順利當選。

三、與大陸中央領導的來往

據星雲自述，他的政治意識不強，但對於愛國愛教，希望人民幸福安樂的想法卻很濃烈，所以早在兩岸沒有互動往來的時候，他就很努力，希望自己能成為溝通的橋樑，促進兩岸和諧發展。

為他牽線的是趙樸初居士，時任中央政協副主席。1989年春，星雲組一個國際佛教促進弘法探親團到大陸訪問，受到隆重接待，並與政協主席李先念、國家主席楊尚昆會見，在與楊尚昆主席會見的數小時中，星雲坦率對文革期間破壞宗教之事表示關切，也希望把寺廟交還給出家人主持。甚至語重心長的懇勸：「你們不信宗教沒有關係，但一定要懂宗教」。最後他提出三點建議：

其一是，對於佛教的寺院，不應有園林單位進駐，也不宜把寺廟歸於文物單位。也即園林和文物單位應該退出寺廟，所有的寺院歸還中國佛教協會管理。

其二，希望大陸方面不要常說：「不排除以武力解決台灣問題」，因為文攻武嚇會給世界人士對大陸產生不好的印象。

楊尚昆回答，這句話是對其他黨派而說的。

其三，宣布台灣和大陸海峽兩岸成為和平區。

楊尚昆一聽，興奮的回答說，你講得很好。不過，可否你先回到台灣，請台灣方面宣佈金門、馬祖為和平區。從金、馬和平區做起，逐漸擴大，應該會到達你說的目標。

自1989年之後，因為許家屯事件（詳見第四段），星雲被列入大陸的黑名單之內，連返鄉探親都不容易。在往後的十年內只回鄉探親兩次，都是由趙樸初居士出面，透過政協主席李瑞環的幫助，始以特例處理而放行的。

2006年，在杭州舉行第一屆「世界佛教論壇」時，透過幾位宗教人士的安排，星雲於上海和江澤民總書記會晤。江澤民見面第一句話便說：「過去的種種，一切到此為止」。兩人很高興的談起佛學來。除了江澤民外，星雲也和海協會會長陳雲林、國台辦主任王毅、前後任統戰部長劉延東、杜青林等見面會談。2008年4月，政協主席賈慶林在人民大會堂湖南廳接見星雲，誇讚他愛國愛教，並特別表示最欣賞他發表在《聯合報》的〈體念蒼生，感謝台灣，我拒公投〉那篇文章。

2013年10月，星雲大師出版一套四冊的口述歷史《百年佛緣》（北京三聯版），並在會面時贈送給習近平總書記。最近，習近平在會見中國國民黨榮譽主席連戰率領的訪問團時，提及已看完星雲大師的書。據知，星雲大師作品共有四十六種，這一來造成洛陽紙貴，《百年佛緣》一夕之間銷量大增，大陸各地書店幾天內便發書

一千六百多套。

　　一生提倡「人間佛教」、「生活佛教」，標榜三「好」（存好心、說好話、做好事）的星雲大師，最近更發願印製六千萬冊《獻給旅行者三六五日：中華文化佛教寶典》，推廣至全球旅館及民宿，當床頭聖經，期望在風塵僕僕的人生旅途中，為旅人指點迷津。

四、許家屯事件說從頭

　　許家屯是新華社香港分社社長（有人戲說他是香港王或地下港督），與星雲同為江蘇人。1989年當星雲所率領的弘法探親團結束全部行程，取道香港返回洛杉磯時，許家屯親自設宴款待，論動機，不無統戰意味，但當兩人以鄉音交談時，卻一見如故，當時星雲禮貌性的表示，邀許方便時至西來寺一遊，許也欣然答應。人情練達的星雲回到美國，又致函許家屯，對在香港受的接待再表謝意，並重申歡迎赴美一遊之意。時值「六四」之前，許社長還在辦公室內傳閱了此信，並不經意的笑稱：「星雲『策反』的信來了！」

　　「六四」之後，中共高層爆發整肅內鬥，開明派失勢，許家屯因在六四期間同情學運，未阻止新華社同仁支援香港的抗議活動，也被列入「秋後算帳」的黑名單中。他深感「繞樹三匝，無枝可棲」，次年5月以「旅遊休息」的名義悄然飛美，實際上是躲避保守派對他的迫害。當時星雲正在澳洲籌建南天寺，一日忽然接到名記者陸鏗電話，告知許家屯人到了美國，可否幫忙給他找一個暫時棲身之所。星雲自忖，站在佛教立場，一個曾經跟我有緣，而今落難的人，不管什麼關係，基於人道便應該給予一點方便，所以毫不遲疑答應在西來寺提供房子給許和他的隨從人員暫時居住。為了此一突來的事故，星雲也提早從澳洲返洛杉磯與許家屯見面。

然而，從大陸、香港、美國到台灣卻像炸了鍋一樣，紛紛追尋許家屯的下落。起初，並沒有人知道許落腳在西來寺，十幾天後，星雲為盡地主之誼，陪許遊覽聖地牙哥、拉斯維加斯，途經鬼鎮，被香港遊客發現了，照片登上了香港報紙。從此，寺中不得安寧，日夜電話鈴聲大作，查訪許的下落。既然紙包不住火，星雲乃與許家屯商量，「出家人不打誑語，你明明在我這兒，我不能騙人家你不在，老躲電話也不是辦法，總要有個交代」。許因此同意由陸鏗及星雲代為舉行記者會，會中宣布四原則：

1. 不尋求政治庇護
2. 不洩漏國家機密
3. 不接受媒體訪問
4. 不接觸民運人士

記者會過後，外界對星雲仍議論紛紛，指責他不該捲入政治，甚至懷疑他別有用心。往者已矣，抱慈悲為懷的星雲對此並未後悔，他直說，沒把許家屯當政治人物，只當一個需要幫助的人。雖然星雲始終嚴守分際，不涉入政治，曾拒絕西來寺作為民運人士的集會地點，也婉拒在西來寺為「六四」亡者超渡，但中共方面依然芥蒂在心，於次年開除許家屯黨籍的文件中說，許家屯叛黨出逃後，還公然跟反動勢力（台灣的星雲和尚與反動文人陸鏗等）混在一起，算是給星雲落實了罪名，並禁止他再踏入大陸。2016年6月19日，許家屯在美國洛杉磯家中辭世，享年101歲。終其一生，未能完成「落葉歸根，重返故鄉」的願望。

星雲是個出家人，晚年卻淌了不少政治渾水。

在兩岸前途問題上，有人將他歸入統派，星雲自己有很好的表白：「其實我不屬於任何派，只有一份台灣情，一顆中國心」。

（資料來源：請參照書末之主要參考書目）

第十二章：北京傳話人南懷瑾傳奇

　　據前國安會秘書長蘇起在《兩岸波濤二十年紀實》一書中證實，在李登輝、陳水扁執政時期，兩岸密使幾乎是半公開的祕密。過去政府與大陸互動，除事務性聯繫管道外，也有「非事務性」的祕密管道。大家都有，只是不方便講出來而已，前前後後已建立有二十條管道。至蔡英文、謝長廷同樣不排除有他們自己的管道。

一、隱居李登輝背後的高人──南懷瑾

　　海峽兩岸自兩蔣時代陸陸續續開始有「密使」往來以來，奔走北京──台北道上，希望充當兩岸「密使」或自稱「密使」的大有人在，但際遇各有不同，全看個人修為與命運造化而已。在李登輝這個與大陸沒有淵源，純粹是台灣人總統的執政下，要想擔任兩岸傳話人何其不容易！首先，此人與李登輝要能夠說得上話；其次，此人在海峽兩岸政治圈要有廣泛人脈關係，並瞭解兩岸的政治和歷史。最後，此人要有一定的社會地位和威望，否則人微言輕，就很難說動李登輝。當時，合乎這三個條件的，非南懷瑾莫屬。

二、「國師」南懷瑾著作等身

南懷瑾，民國7（1918）年生，浙江溫州樂清人，自幼接受傳統私塾的嚴格教育，少年時期就廣泛涉獵經史子集，以神童名聞鄉里。其學歷為國立藝術院第二期、中央軍校政治研究班第十期畢業，金陵大學研究院社會福利系肄業，他曾在成都中央軍校任政治教官（校長為蔣介石）。抗戰後期，他入峨嵋山閉關，三年潛心學佛，取法名通禪，遍閱大藏三部。1947年，南懷瑾入康藏地區，參訪密宗上師，後經白教貢葛上師及黃教、紅教、花教上師陸續印證為密宗上師。

許多人稱南懷瑾居士為佛學大師、禪學大師。其實，以治學而言，南懷瑾涉及的範圍何止佛學一家。自1955年，他出版第一本著作《禪海蠡測》以來，重要的有《靜坐修道與長生不老》、《論語別裁》、《金剛經說什麼》等五十餘種，可說是著作等身，學問兼及儒、佛、道三家。在傳承中國文化以外，並攝入西方文明的精髓。他是一位具有儒者風範的國學大師，李登輝曾親口對人稱南懷瑾為「國師」。曾被列入台灣「十大最有影響的人物」的南懷瑾，甚受兩岸學界敬重，認為他有以下重大建樹：

1. 傳統國學的學習和教學；
2. 個人修行境界的提升；
3. 有國家、民族大義理念，與知識分子應有的道德及使命；
4. 讓三教九流、不同學派、不同政黨的知識分子，都受他的學問道德的影響。

南懷瑾曾自謙說，他這一輩子，沒有一張文憑，沒有一個好的學位，可以用八個字來形容和總結：「一無是處，一事無成」。有

人稱他為「通天教主」，他卻自稱是「大妓女」，整天「接客」，迎來送往。但真正能登堂入室、惺惺相惜的卻無幾人。國民黨元老李石曾送給南懷瑾四句話：「上下五千年，縱橫十萬里；經綸五大教，出入百家言」。南老一聽，這個「五大教」不敢當，受不起，遂改為「經綸三教」。

三、弘揚中國文化為己任

1949年南懷瑾初到台灣，先是經商，與幾位朋友合辦一家「義利行」公司，從事琉球到舟山的貨運，開始有賺錢，但好景不長，總經理因貪多，導致三艘機帆船被舟山軍隊徵用，損失不貲，血本無歸。後來眼看大陸批孔揚秦，拋棄了固有文化，遂決意以弘揚中國文化為己任。最初他在台灣輪船同業公會理事長楊管北（1896-1977）主辦，位於北投的「奇岩精舍」給何應欽、顧祝同、蔣鼎文、白萬祥、蔣緯國、蔣彥士、劉泰英等一批文武官員講授中國傳統經典，也教他們太極拳一類的運動，以強身養心。

1963年開始在中國文化大學、輔仁大學、政治大學等校擔任教席，並在信義路三段的「老古文化中心」開講「老子他說」，聞風而來的各界人士越來越多，其中元老班更是冠蓋雲集，將星閃耀，紅極一時的總政戰部主任王昇上將，總統府秘書長馬紀壯、一級陸軍上將劉安祺、調查局局長阮成章，海軍上將崔之道，國民黨陸工會副主任焦金堂，海軍總司令部政戰部主任蕭政之中將等，都是南門弟子。在企業界方面，包括縱橫兩岸的的潤泰集團總裁尹衍樑、十信負責人蔡辰洲、薇閣中小學董事長李傳洪等人，他們的企業文化或辦學理念，都深受南懷瑾影響。五樓講堂則聚集著一批青年知識分子，其中有三位與本文密切相關的人物，第一位是李登輝總統時代權傾一時的總統府秘書室主任蘇志誠。

蘇志誠，台南新營人，民國44年生，建國中學畢業後，先考進文化大學物理系，因志趣不合，大二時轉入政治系，67年畢業後考入文化大學哲學研究所新聞組，獲碩士學位，69年擔任《台灣新生報》記者，主跑內政部新聞。71年出任台灣省政府台北辦公室秘書，77年出任總統府秘書室主任。蘇志誠在年輕時代就跟隨李登輝，他與李登輝的長子李憲文關係匪淺。李憲文在文化大學就讀三民主義研究所時，他也就讀哲學研究所。畢業後，蘇志誠到《台灣新生報》當記者，李憲文也跟進，到《中華日報》跑社會新聞。在李因鼻咽癌臥病台大醫院期間，蘇志誠寸步不離，晝夜守候，並包辦後事。臨終前，李憲文要父親好好照顧蘇志誠。

另一位是後來出任中視董事長的鄭淑敏。鄭淑敏，台北縣人，民國35年生，成大外文系學士，比利時魯汶大學傳播學碩士。歷任《時報雜誌》發行人兼總編輯，《中國時報》副總編輯、主筆，新聞局資料編譯處副處長，華視公司節目部副理、華視文化公司執行副總經理、華視公司企劃室經理，文建會主委，中視公司董事長等職位。鄭在華視任職時，身受董事長蕭政之的賞識，隨蕭拜在南懷瑾門下，並因此而認識總統府秘書長馬紀壯，拜為乾爹。

除上述兩位外，順便一提潤泰集團總裁尹衍樑。尹衍樑（1950-），山東人，父親為紡織企業家尹書田（1918-1991），時稱「格子布專家」、「牛仔布大王」。尹幼年時頑劣，14歲到16歲半時是在感化院度過。1966年被父親送至彰化進德中學「管訓班」住校讀書，擔任班長，某次在校外與人發生衝突遭刺傷，跑進數學老師王金平的宿舍求救。王金平表示，尹衍樑本性不壞，只是年輕氣盛，喜好行俠仗義，發現尹受傷後為他包紮。顧慮該校是感化教育的管訓班，擔心尹打架會再度遭到處罰，因此未向校方報告，而是諄諄勸告：「用暴力讓別人怕你，就好比野狗、毒蛇，別人才會害怕，應該好好唸書，以後有能力可以幫助別人，贏得別人的尊

敬，而不是畏懼」。王金平的慈愛包容，在尹衍樑的心中產生極大的影響，改變了一生。後來考上成功高中夜間部，再進中國文化大學史學系，以最後一名畢業。26歲進入社會後突然開竅，對學問及研究開始有興趣，1982年從國立臺灣大學商學研究所畢業，1986年獲得國立政治大學企業管理博士，2004年成為中國土木水利工程學會「會士」，並兼任台灣大學土木工程壆系教授，2012年獲頒國立政治大學傑出校友，2014年獲國立臺灣大學校長楊泮池院士頒授榮譽博士學位。2011年成立「唐獎」教育基金會，並於2014年首度頒獎。

南懷瑾除了講學與著書弘揚中國文化以外，並尤其弟子成立光華教育基金會，協助大陸南北數十所大學，培育社會人才，如北大、浙大光華學院等。此外，他並創辦東西精華協會、美國東西文化學院、加拿大中國文化書院、香港國際文教基金會。近年更致力於提倡幼少兒童智力開發，推動讀經及中、英、算並重工作。又因黃河斷流，南水北調，倡立「參天水利資源工程研考會」。晚年的南懷瑾常住江蘇省吳江市，並在當地設立太湖大學堂傳道，2012年9月29日逝世，享壽95歲。

四、清福與鴻福

出家或學禪之人，一般都能看破紅塵，參透名利關卡。對官場政壇之輩或芸芸眾生，自認是韜略家的南懷瑾則以清福與鴻福點化他們。

清福就是樸素、閒適、淡雅、簡單之福；鴻福就是紅塵裡的人生，奢華、繁忙、喧鬧、複雜之福，正是官場的寫照。一般來說，鴻福容易享，但是清福卻不然，沒有智慧的人享不到清福。人到了晚

年，本來可以享個清福，但多數人反而覺得痛苦難耐，因為一旦無事可管，他就活不下去了。有許多從官場退下來的朋友，到了享清福的時候，反而死得快，因為他害怕寂寞，什麼事都沒有，怎麼活啊！

多少人享得起前半生的鴻福，卻享不了後半生的清福。清閒有寡欲之意，即放下、不黏連、不執著。學禪者說，打破、放下、自在。享受清閒，需要一種境界，一種參透事理的心態。放下，即知足，淡所欲，知滿足，貴清閒，為所為。

五、「國師」精算李登輝登大位

當年的南懷瑾在台灣政壇，從掌政的總統、問鼎大位的政治人物、權傾一時的權貴，到企業界大老，競相拜師、開示、請益，地位崇隆，故被尊為「國師」。他最神奇，最膾炙人口的一件事，便是精算李登輝將從台籍人士中脫穎而出，登上副總統大位。

從上所述，在八十年代蔣經國主政時期，南懷瑾已經跟國民黨權力核心結下深厚關係。1983年，蔣經國準備「物色」副總統人選。據聞，是年年底的一個深夜，總統府秘書長馬紀壯突然披著睡衣，穿著拖鞋，拜會「老師」南懷瑾。馬紀壯問：「老師，你怎麼看邱創煥、林洋港、李登輝這三個台灣人？」南懷瑾回答說出一段話：「邱創煥太滑頭，而林洋港有野心。若以蔣經國的立場來看，最好的是李登輝。第一，他是農業專家；第二，他是本省人；第三，中國人都是傳後代的，而他沒有兒子，無後顧之憂。」雖然經國先生物色副總統時，也問過黃少谷、孫運璿、蔣彥士、陳立夫和軍方的郝柏村等人，但南懷瑾的話對李登輝的前程可能是有決定性影響的。隨後，台灣政治圈都盛傳是南懷瑾把李登輝送上副總統大位的。據南本人的說法，是因為他揣摩到蔣經國的心思，一語道破

他的困擾，才使他下定最後的決心。

　　1984年李登輝當上副總統後，某次，蘇志誠在下課後私下跟南老師說：「副總統知道你很看得起他，最近經國先生要他多接觸三軍將領和情治機構首長，他要我請教你該怎麼辦才好。」南懷瑾答道：「當副總統就是副總統，只要多看、多學習、多向秘書長請教。能夠不去過問的事就不要過問，尤其是軍事和情治單位是蔣經國最忌諱的地方，絕對不可以去碰。」李登輝果然照南懷瑾的指點去做，在任副總統期間，小心謹慎，韜光養晦，逐步取得蔣經國的信任。

　　在滿朝文武都成了南懷瑾的門生後，這位幕後「高人」因為「十信案」爆發，蔣彥士、蔡辰洲下台失勢，主持「劉少康辦公室」的王昇，不知節制權力運作，見情勢不妙，乃選擇移居美國。據說，離台前，南懷瑾留下三個錦囊妙計，告訴蘇志誠，萬一有問題，軍事可以請教劉安祺上將，情治的事可以問焦金堂，再有緊急的事，可以找高雄的一位洪醫師，他可以到美國來傳話。據蘇志誠事後澄清，所謂三個錦囊妙計，只是南門弟子經常在外面自我吹噓的說法。

　　1987年底，蔣經國已經病危，有一天，洪醫師突然來到華府拜訪南老師，轉達李登輝的求救。第一個問題是，萬一蔣經國去世，李登輝接任總統，中共出兵攻打台灣怎麼辦？南懷瑾聞言哈哈大笑說：「我雖然不懂政治，但可以斷定，眼下中共是不會出兵的。」李登輝要問的第二個問題是，中共雖不以武力攻打台灣，但如果要迫我們談和，應該怎麼辦？南說：「台灣有大軍五十萬，從此不再談反攻復國就是了。」隨後，洪醫師壓低了聲音說出了最後一個問題：蔣去世後，在人事方面應該如何佈局？南答：「他上台後宣佈一切照舊，半年內一概人事不動，這就成了。」

　　　　　　　　　（資料來源：請參照書末之主要參考書目）

第十三章：蘇志誠充當李登輝密使大曝光

一、郁慕明揭發密使案

自1993年8月新黨脫離中國國民黨另起爐灶後，一直有人說新黨是「中共同路人」，會出賣台灣，給新黨扣紅帽子。面對「中共同路人」的指控，新黨內部開會要予以反擊，但反擊要有證據，立委郁慕明就負責蒐證。

郁慕明花了半年多的時間向各方求證，從入出境管理局到香港的飯店，等資料查證到與自己所瞭解的基本架構大致相符時，便於1995年4月18日立法院總質詢時，掀出了密使案，他言之鑿鑿，列舉時、地、物，當場揭發李登輝總統派出親信蘇志誠、紅頂商人尹衍樑和文建會主委鄭淑敏三位密使，多次暗中抵達香港與中共代表進行談判，更於1994年曾經兩度進入珠江與中共中央辦公廳主任曾慶紅密談。證實了李登輝時代的密使案不是「天方夜譚」，而且其撲朔迷離，詭譎複雜多變，更勝兩蔣時代。

二、「密使」資料相繼外洩

首先，2000年7月6日，大陸全國政協常委賈亦斌接受台灣網路報《明日報》記者採訪，透露了1992年間，李登輝總統曾派遣蘇志誠、鄭淑敏、尹衍樑等人赴香港，和他本人及前中共台辦主任楊斯德會面。據賈亦斌說，雙方觸及的議題，主要是台灣當局主動提議，將前往大陸進行浙江金溫（金華－溫州）鐵路等多項經濟投資，而希望以此換取台灣的外交空間。

其次，南懷瑾的弟子魏承思根據南師所持有的九份密談錄音帶謄寫整理，撰成一萬餘言的歷史文獻，以〈李登輝時代的兩岸九度密談實錄〉為題，在《商業周刊》第661期（2000年7月24日至7月30日）獨家刊載，並提供珍貴照片，讓當事者的蘇志誠與鄭淑敏無法三緘其口。「密使」事件才正式浮上檯面，引發議論。

魏承思根據南懷瑾的口述，提供兩岸九次密談經過，不過蘇志誠表示，他與北京方面密使會晤的次數遠超過南懷瑾所說的九次，甚至是「九的好幾倍數」。後來因蘇志誠與南懷瑾失和，以及許鳴真到台灣面見李登輝時雙方各執己見，還有北京方面懷疑李登輝玩兩手策略等因素，始中斷兩岸此一密談管道。

三、九次會談舉隅

不管如何，單是九次密談的內容便很精采，較前勁爆。茲扼要摘錄重點如下：

第一次密談

時間：1990年12月31日至1991年元旦

地點：南老香港寓所

人物：蘇志誠、楊斯德、賈亦斌

主要內容：

    1. 蘇志誠具體說明了國統會、陸委會和海基會的職能，並介紹「國家統一綱領的基本構想」。

    2. 蘇表示：5月1日宣布終止動員戡亂時期。

    3. 南懷瑾提出上中下三個方案：

        上策：兩岸共同成立中國政經重整振興委員會，即全中國人的國統會，討論憲法、國號、年號等問題。

        中策：兩岸合組一個經濟特區，做新中國的樣板。

        下策：純就兩岸經濟、貿易、投資等問題共商解決辦法。

第二次密談

時間：1991年2月17日

地點：南老香港寓所

人物：蘇志誠、鄭淑敏、尹衍樑、楊斯德、賈亦斌

主要內容：

    1. 蘇志誠宣讀一份文件，說明台灣當前的大陸政策。

    2. 楊斯德希望兩岸簽訂和平協議，落實「三停止」，停止軍事對峙，停止一切敵對行動，停止一切危害兩岸關係和統一的言論和行動。

第三次密談

時間：1991年3月29日

地點：南老堅尼地道講堂

人物：蘇志誠、鄭淑敏、楊斯德、小戴、小王

主要內容：

    1. 楊斯德亮出中共談判的底牌是「一國兩制」，不是單純的簽訂和平協議，而是和平統一協議，台灣只能是地方政府。

    2. 南懷瑾提「和平共存，協商統一」八字方針做為緩衝，密會不歡而散。

第四次密談

時間：1991年6月16日

地點：南老香港寓所

人物：蘇志誠、鄭淑敏、小戴、小王

主要內容：

    1. 小戴通報，楊斯德不再擔任中共中央對台辦公室工作。

    2. 6月7日中共中央台灣工作辦公室負責人對台灣宣布終止動員戡亂會有正式回應。

    3. 小戴一再促請蘇志誠到北京面見中共領導人。

第五次密談

時間：1991年7月

地點：北京

人物：鄭淑敏、楊尚昆、王兆國

主要內容：

      鄭淑敏提出要求，協商合作打擊海上走私問題，對方表示同意。

第六次密談

時間：1991年11月16日

地點：香港希爾頓酒店

人物：蘇志誠、鄭淑敏、國台辦王局長、小王

主要內容：

　　　　雙方就台灣加入世貿問題進行協商的程序。蘇表示，台灣在名稱上願做讓步，以「台澎金馬關稅區」的名義申請加入，既沒有兩國，也沒有「一國兩府」或台灣，已顧及到一個中國原則。陸方對此表示滿意。雙方將進一步推派談判人選。

後續發展：

　　　　1991年11月，尹衍樑穿針引線，介紹許鳴真（許老爹）密訪南懷瑾。許鳴真，1925年7月生，河南鎮平人，他早年是陳賡大將的秘書，文革時期在東北哈軍工當校長，許多高幹子弟，如陳雲、楊尚昆、陳賡的子女沒有飯吃都去東北找他，得到許的照顧和保護。因此各家都很感激他。其後曾出任國防科工委副主任、第十三屆中紀委委員、第八屆全國政協委員，離休後到港擔任某公司董事長。他與楊尚昆無話不談，其子許永躍是陳雲的機要秘書，後出任中共國安部長。

　　　　許鳴真到上海通報汪道涵（內定海協會會長），再會江澤民（中共總書記），商談如何恢復兩岸祕密談判。此後，汪道涵與許鳴真逐漸成為對台密談的主角。許因為兼任香港某公司董事長，經常往來北京和香港兩地，故而取代原來楊斯德的角色，負責與南懷瑾以及台灣方面的聯絡。

第七次密談

時間：1991年12月2日

地點：南老香港寓所

人物：蘇志誠、尹衍樑、許鳴真

主要內容：

　　籌備新一輪密談。

後續發展：

　　1992年5月初，在徵得鄧小平和陳雲同意後，中共中央決定與台灣李登輝的代表舉行祕密談判。

　　17日，許到中南海見楊尚昆，江澤民也在座，中央對台辦主任王兆國和楊斯德應召前來，當場宣布，由汪、許、楊和王四人組成專案小組，由汪領銜，以李登輝為對象，通過在香港的南懷瑾談判。

　　5月26日，尹衍樑到達北京傳遞李登輝贊同祕密談判的意見。王兆國代表中共請尹轉告南老：兩岸祕密商談的安排近日內即可定案，北京派出的代表將是汪、許和楊，賈亦斌今後不再參與其事。王兆國並向南建議，海基、海協兩會領導人正式會見表示支持，將留待與蘇志誠見面時詳細討論。這也就是日後在新加坡舉行第一次「辜汪會談」的濫觴。

第八次密談

時間：1992年6月16日

地點：香港希爾頓酒店

人物：蘇志誠、鄭淑敏、汪道涵、楊斯德、許鳴真

主要內容：

　　敲定首次「辜汪會談」的日子。

1. 蘇在會上邀請許鳴真祕密訪問台灣，親見李登輝總統。

2. 南懷瑾向雙方提基本原則三條：

　　（1）和平共濟，祥化宿怨；

　　（2）同心合作，發展經濟；

　　（3）協商國家民統一大業。

由南主稿，以信的方式，分致兩邊領導人。

後續發展：

　　南懷瑾本來抱著「買票不入場」的態度參與其中，以後即親自披掛上陣，為兩岸起草〈和平共濟協商統一建議書〉，一式兩份，交密使分別送達兩岸最高當局。建議書獲得北京中央領導的肯定，但台灣方面卻沒有回音，南懷瑾也退出了兩岸密使的會談。惟「九二共識」依然在四個半月後達成，並於次年成功舉行了「辜汪會談」。

第九次密談

時間：1992年8月

地點：台北

人物：李登輝、許鳴真

主要內容：

　　在蘇志誠一手安排下，許鳴真以探親名義祕密來台訪問。為保密起見，作業時以「大爺旅遊計畫」為代號。許與李兩人密談數小時，然而雙方各持己見，許空手而歸。

　　據魏承思的說法，蘇志誠從中玩了花樣。第一，蘇私自扣押了南老給李登輝的信；第二，蘇叮囑許，回香港後，不要把來台見李登輝的事告訴南老。許懷著一肚子不快回到香港，見到南老，開頭一句話就說：「這些人是怎麼做事的？」他直指蘇某為人太不誠懇。從此，過河拆橋，這位幕後藏鏡人再也沒有機會參與兩岸的密談了。

　　總結上述九次密談紀錄顯示和黃新生著《黑手與密使的故事》透露，台灣參加密談的主要操盤手是蘇志誠，他來自總統府，可以直達天聽，故綽號「府中行走」，出席的次數也最多。他別無專長，沒有著力處，只好在兩岸接觸談判上力求表現，希望獲得「大老闆」的肯定。綽號「貴妃」的鄭淑敏多少是花瓶的角色，以掩人耳目，而且只做紀錄，底稿當著蘇志誠的面撕毀，對密談的內容從不表示意見，這也是讓「府中行走」放心的作法。而代號「大表哥」的尹衍樑，僅希望搞好兩岸關係，方便投資做生意，對政治毫無野心，對自己的角色也很清楚，只負責住宿與會議室的茶水，會議一開始他就退出。即便如此，蘇對他這位「外省人」仍不放心，不再邀他參與，使他逐漸淡出密使的任務。

四、密談連續劇

　　蘇志誠本人承認，中共這條線最早確是透過南懷瑾牽來的，但後來北京方面主動表示要停止這條線，因為南懷瑾「太複雜了」。後來，他和北京高層建立起直接管道，就不再通過南懷瑾了。蘇志誠認為，兩岸關係（充當密使）沒有英雄人物，南師很多做法都似乎事先已有安排，會談時還拍照錄音（甚至主導話題），想在歷史上留名，學禪的南老師就是最後這一關看不破。

　　據李登輝在《亞洲的智略》一書中坦承，「所謂『密使』，與其說是代表政府，實際上毋寧說是我個人的代理，因為南懷瑾曾經是我兒子和媳婦的老師，所以一度想和他共商大陸事宜，於是派人前往香港試圖透過他瞭解大陸的情況，但是後來發現他有從大陸和台灣獲取利益的意圖，便拒絕了他。」輕描淡寫幾句話，大家聽得

霧煞煞，不知其真象？

　　《李登輝執政告白實錄》一書為我們揭開了迷團，提供了答案。原來南懷瑾在某年某月某日抵達台灣，當晚在官邸的書房與李登輝見面，雙方談了兩個多小時；翌日晚間，兩人再次會面，又談了兩個小時。癥結在於南懷瑾以「國師」的姿態告訴李登輝，應該好好利用台灣八百億美元的外匯存底為兩岸和平「做些事情」。明白言之，八百億撥個千把萬，他就可以幫李登輝「買天下」，若不然，把國民黨在香港的黨產交給他，也可以做出一番局面。這大概就是上文李登輝所指的「利益之意圖」了。

　　根據前述資料，李登輝時代授權蘇志誠前往香港、珠海、澳門與對岸的「對口」會面共達廿七次，前九次有南懷瑾的全程參與，其後十八次，兩岸則共同排除「第三者」，直接對話。

　　隨著對岸權力交班，中國的「對口」也隨之更迭，由最初的中國國家主席楊尚昆的代表中央台辦主任楊斯德、汪道涵到江澤民辦公室主任曾慶紅。此一不定期的固定會晤在1995年因新黨立委郁慕明在立法院的質詢而曝光，遂劃下休止符。

　　　　　　　　（資料來源：請參照書末之主要參考書目）

第十四章：李登輝訪問康乃爾大學 衝擊兩岸

一、條條道路通北京

有人把李登輝看成是具有「爭議性」或者「傳奇性」的人物，他的一生好謀善斷，野心勃勃。知李甚深的王作榮，對李登輝的評語是具有「做事專注，心胸狹窄，工於心計」三大特性。在他主政的十二年期間，分別與對岸兩代領導人鄧小平、江澤民始終維持一條溝通聯繫的祕密管道，直到卸任。

在1988年李登輝繼任總統時，代表大陸開明派的趙紫陽曾拍電報致意，這個善意的動作，李登輝在多年之後猶津津樂道。不幸，1989年6月，大陸發生了天安門事件，趙紫陽一派遭到整肅，負責牽線的這位親信因而逃亡國內，失去了進一步聯繫的價值與功能。

這一年，由高雄市長卸任的蘇南成，也同樣傳來楊尚昆希望與李登輝建立對話管道的訊息，蘇南成當時是透過其紅粉知己陳舒珊的安排，走了一趟北京，歸來後立刻求見李登輝。蘇南成向李登輝展示了他與楊尚昆合照的照片，暢談其被招待於釣魚台賓館的禮遇，李登輝默不作聲。

企業界的老友張榮發，基於在中國經商建立的人脈，當時非常慎重的向李登輝獻計，他有辦法安排兩岸的領導人見面，最好的辦

法就是在公海上神不知鬼不覺的會晤，交換意見化解歧見，而他旗下的豪華郵輪可以發揮作用。唐樹備也證實兩岸領導人在海峽中線的船上面會談一事，江已同意，李卻在最後時刻退縮。對於張榮發的提議，李登輝認為根本行不通，首先保密絕對有問題，就算把船開到公海上，也要搭直升機前往，直升機一起飛，所有的行動都會曝光；其次，在公海上的安全將如何維護？是個非常大的問題；更別談對岸是否接受同意。

二、康乃爾之旅綜述

1995年6月，李登輝訪問美國，在母校康乃爾大學「歐林講座」發表「民之所欲，長在我心」的演說，八面風光。話說李登輝總統於1988年1月因蔣經國病逝而繼任總統後，急思藉出訪而打開台灣外交出路。適這年春天，我駐新加坡代表胡炘卸任歸國，其於離職前依例晉謁新國總統辭行，曾蒙李光耀表示囑問候李登輝總統，並歡迎往訪。李登輝得知此事後，即命外交部研擬訪新事宜。但總統府秘書長沈昌煥認為，元首出訪，茲事體大，在諸多細節尚未釐清前，不宜草率進行，為維護國家和總統的尊嚴與利益，尚須從長計議，於是簽報總統，暫勿主動。據聞層峰因此甚為不悅。「道不同不相為謀」，副秘書長張祖詒與沈昌煥對此事看法「志同道合」，乃先後向李總統請辭，以表同進退。

時隔七年，李登輝的康乃爾之行，當時身為外交部長的錢復，強調兩岸關係高於外交關係，大陸政策高於外交政策，並不贊成李登輝去康乃爾大學，也不願為他安排行程。國安會秘書長丁懋時在開會時引述錢復講的話，說一句就被李登輝打斷一句，不過他還是理直氣壯地把話說完。但李登輝的康乃爾之行還是由劉泰英透過他

所主導的台灣綜合研究院的名義，私下以三年450萬美元的天價委託美國卡西迪公關公司（Cassidy Associates）在美國政界、商界、新聞界、民間團體進行鋪天蓋地的宣傳所勉力促成的，造成了美國白宮、國務院及國會的重大摩擦，並成為當時兩岸關係急遽惡化以致斷裂的關鍵點。

當年，李登輝與北京尚維持密使過從，李透過密使，希望北京支持其康乃爾之旅，藉此衝高他次年總統直選的得票率，並保證他將大幅改善兩岸關係。但北京卻因李登輝對康乃爾之旅幕前幕後的兩手操作，對李失去信任，當時即以台獨定調此事，謂李登輝「已經在台獨深淵裡滾得連泥帶水」，甚至發出「武力保台」之論。北京與李登輝建立在密使上的私密關係，就此反目破裂。

接下來的幾個月，北京與李登輝不斷惡言相向。次年1996年總統大選，發生飛彈危機及美國航空母艦通過台灣海峽等一連串事件，而李登輝亦因北京的「文攻武嚇」而贏得大選，但兩岸關係已急轉直下。至2000年因李鋌而走險倡「兩國論」，又發生宋楚瑜出走，使國民黨輸掉總統選舉，台灣政黨第一次輪替。卒至李登輝被國民黨逐出，轉身為台獨旗手。這一連串變化，關鍵皆在康乃爾之旅。

三、各界評論康乃爾之旅

李登輝的康乃爾之旅，套一句名記者陸鏗的話是：「一石激起千層浪」。陸鏗不是一位坐在書齋馳騁思想的論政書生，而是一位四出採訪，到處結緣也隨時結怨的典型記者。關心台灣政治和前途的陸鏗，受香港《信報》之命，飛赴綺色佳（Ithaca），親自採訪李登輝的康乃爾母校行。他近身觀察了李登輝此行的全部過程，

感受到政治新焦點的脈動。綜觀此行，他認為李登輝訪美有八得二失，茲扼要說明如下：

八得是：

1. 突破外交困境，一吐1979年美國與中華民國斷交16年來的悶氣。單是看看美國參眾兩院35位頗具影響力的議員輪番在電視上對李登輝的推崇和對台灣奇蹟的讚頌，便可說明通過此行已經突破了外交困境。

2. 強化國家定位，起碼使台灣在國家認同問題上產生的困難得以化解。李登輝在演講時一連提了17次中華民國。

3. 兩岸政策明確。李登輝此次演講，明確宣示了在經濟上建立亞太營運中心，而在政治上願意和江澤民見面，但排除與江澤民在北京或台北見面的可能。

4. 台灣經驗清楚。除了經濟發展之外，台灣已大步邁向政治民主化。

5. 促使中共反省。中共過去的兩岸政策和外交政策蠻橫僵化，不得不被迫反省。

6. 迫使美國改轍。美國過去對台灣外交採施壓手段，制定對華外交政策的國務院不得不逐步改弦易轍。

7. 累積選戰資本。李氏此行，不僅為明年的總統直選增加了政治資本，對今年立委選舉保衛政權之戰也會起到好的作用。

8. 提升傳媒責任。李氏此行，受到全世界傳媒的關注播報，其本人對傳媒的尊重同樣提高了傳媒的社會責任。

二失是：

1. 打破了中國大陸、台灣、美國三方面的靜態平衡。

2. 在李的「民之所欲，長在我心」的演講稿中，從頭到尾沒有提到華僑。海外相當一部分的華僑讀了這一篇講稿之後不無失落感，認為李登輝會走向台獨。

康乃爾之行影響重大，論事者談及責任，必有爭論。最常見的說法似乎是，中共責怪美國不該發簽證給李登輝；美國責怪台灣「製造麻煩」；而台灣責怪中共「無情打壓」。事實真相，並非如此簡單。

撰《兩岸波濤二十年紀實》，曾擔任馬英九政府時代國安會秘書長的蘇起認為，美國、中共、台灣應該都有責任，而責任的根源都在各自的內部。

康乃爾之變，讓美國印象深刻。兩艘航母的出動，是美國從越戰結束後20年來，在東亞地區最大規模的一次軍事調動。相關高層普遍認為，這個下滑的趨勢必須停止，甚至扭轉；對中共與對台灣的政策必須改變。基於這些考慮，美國開始調整它對中共的政策，把重心放在高層領導人的互訪、戰略對話以及互信的建立，希望由上而下建構一個較為穩定的關係。

康乃爾之訪問對中共的衝擊，遠大於對美國的影響。對美國，它影響的只是外交政策領域中的中國政策。對中共，除了心理的震撼外，更促使北京當局針對更大的範圍做出更深刻的反省。針對台灣，中共痛苦地認識到「台灣問題是個長期的、艱鉅的、複雜的問題」，如果錯估了李登輝，是不是也低估了李登輝現象在台灣的社會基礎？針對美國，中共學到的最大教訓就是，美國才是「解決台灣問題」的關鍵，對美工作與對台工作必須動態地統合起來。

總之，從康乃爾到文攻武嚇，從出動航母到總統選舉，這一切證明台灣在兩大之間雖為小，但已經大到足夠牽動兩大的政策與相互關係的地步。而台灣的民主化，使它的動向比以前更難掌握。這就促使美國與中共必須積極尋求新的方法以為因應。文攻武嚇與出動航母，都只是臨時性質的危機處理。康乃爾之變的真正影響才要開始。

曾任李登輝時代新聞局長的邵玉銘，在擔任國關中心主任期

間，對美國在台海危機前未能採取「預防性外交」致中共鋌而走
險，甚不以為然，綜合其意見如下。

對美國做法之批評：

1. 美國在李登輝提出訪美要求後，國務院不應事先貿然向大陸
   承諾不發給他簽證，這種違背美國國會、媒體及民意的決
   定，是一大錯誤。假如美國當時能事先派遣高層特使（如國
   務卿或國家安全顧問）前往北京，向中共當局解說美國三權
   分立體制，美國媒體對政府政策的影響，以及一位尋求連任
   的美國總統不能無視於國會與民意等情事，並說明美國行政
   部門固然願意儘量尊中共立場，但如此一立場遭遇重大挑戰
   時，恐將無法堅持，請求大陸諒解。

2. 美國派遣航母一事，也因事先未知會中共高層，可能會使雙
   方陷入兵戎相見之危機。事實上，美國海軍情報部門，2月
   初已經向美國政府提出報照，中共正開始調動導彈，並有1
   萬名部隊轉往福建。這時美國應該由高層特使前往北京，明
   白告訴中共，假使它在台海有任何軍事行動，美國根據「台
   灣關係法」，將無法坐視而必須有所因應，包括出兵台海。
   但是美國亦未採取這種「預防性外交」。

對中共作法之批評：

1. 中共對美國政情不了解，反認為柯林頓政府允許李登輝訪
   美，是在打「台灣牌」，對中共有所制衡。事實上，柯林頓
   是在國會及輿論壓力下才允許李登輝訪美，與打「台灣牌」
   毫無關係。

2. 中共對台灣政治認知錯誤，將主張「台灣意識」和「台灣獨
   立」劃上等號。其實，約有80%的台灣民眾主張維持現狀。
   但中共認為主張「台灣優先」及不贊成統一者，均是台獨。

3. 中共對國際社會不了解。當台灣在舉行總統大選時，世界民

主國家都樂觀其成，而中共卻以飛彈和軍事演習相威脅，這必然引起美國強烈反彈及國際社會的譴責。

弔詭的是，在台海危機發生前後，被視為「麻煩製造者」的李登輝，在選舉時卻告訴大家，中共的飛彈是「啞巴彈」，他有「十八套劇本」（事實上高達28、29項計畫）可以應變，以一副沾沾自喜的態度，周旋於中美兩大國之間，置台灣安危於不顧，令人擔心而又覺得幼稚！

俗云：「治大國，如烹小鮮！」我們已退休的治政人物卻不甘寂寞，喜歡走偏鋒，發怪論，創奇招，最後留下「出賣台灣，羞辱人民，作踐自己」，甚至「不忠、不義、不仁」的歷史罵名！

（資料來源：請參照書末之主要參考書目）

第十五章：李玉階兩度致函鄧小平

一、李玉階其人其事

　　宗教界人士關心兩岸和平發展，為中華民族的未來提出一種懇切的呼籲和建言，前已敘述星雲大師，茲再介紹天帝教主李玉階其人給讀者。

　　李玉階（1901-1994），學名鼎年，字玉階，後以字行，道號涵靜老人，於1901年生於江蘇省吳縣（蘇州），就學於吳淞中國公學，參與民國8年的五四運動，擔任上海學聯的總務科主任（學名李斯年），是五四學運在台灣碩果僅有的五老之一。

　　其後加入中國國民黨，畢業後官拜上海煙酒公賣局、財稅局局長、宋子文（財政部長）秘書等職，任職期間杜絕了官商勾結歪風，並完成中國財稅法之草創。民國19年受天德教蕭昌明之點化，四年後辭官而行道西北。於西北傳道期間巧遇西安事變，李玉階見情勢危急，一方面主動安置多位陝西重要官員於住處，一方面說服馮欽哉將軍按兵不動以助蔣介石脫困。

　　民國38年大陸淪陷前，受太白山雲龍至聖指示東行台灣以行天命。途經上海短暫居留之際，李玉階於《全民日報》發表〈時勢預測〉，指出天命仍在蔣公以安人心。隔年又發表〈百日國際觀察〉針對韓戰爆發等國際局勢做出分析。之後，轉以書生報國姿態，開

始接辦《自立晚報》以推動新聞自由，期間為針砭時事，毅然於1958年退出國民黨而以無黨無派身分而建言。然歷經十五年之艱苦經營，最後終因在無國家黨團背後支持情況下，因財務拮据而移交給吳三連經營。李玉階歷任《自立晚報》發行人、董事長，是民營報主持人之一，其為民營報業爭取生存，為台灣爭取新聞自由與言論自由所做的努力，有目共睹。

二、李玉階的「天聲人語」

李玉階自幼有物外之思。青年時代，雖曾從事學運，擔任公職，但非志趣所寄，可謂身圍紅塵，心繫青山。三十七歲時，入華嶽窮究宇宙萬物大原，歷時七載，著《新宗教哲學思想體系》一書，以天人合一、聖凡平等為思想基礎，本其心物一元二用宇宙觀，約之以仁，將之以誠，貞之以恆，期達大同之域。山居修道，研習坐工，領悟定靜安慮，深長勻細三昧，是以其能入化也。

先生身雖山居，而仍心存社稷，朝夕祈禱上蒼，降福國家，從無間息。每以靜觀所得，好做預測，有時亦能談言微中。茲略舉數事作為證明。

民國27年春，抗戰方酣，日軍佔領秦晉二省黃河邊風陵渡、碩豐、潼關，河防危殆，人心惶惶，不可終日。李玉階在風陵渡對岸的草山上，曾吟詩兩手贈胡宗南將軍，其一為〈天定勝人，人定亦能勝天〉七絕一首，以慰人心。文謂：

可憐三晉劫黎多，劫去劫來可奈何；

且坐曲頭舵把穩，笑他不敢過黃河。

其二又吟〈樂土樂土　爰得我所〉詩一首，以慰諸子，並勉鎮定身心。文謂：

早蒙天公賜合同，一方淨土留關中；

十方三界齊擁護，豐鎬重開太平風。

直迄抗戰勝利，關中安然無恙！預言一經宣布，人心大定。

又民國27年8月，日軍進犯國民政府所在地武漢，其第二軍之第三、第十、第十六師團由六安、固始、潢川公路直撲信陽，胡宗南將軍奉命增援信陽、羅山，阻敵西進，時潼關鐵橋為風陵渡日軍摧毀，東西軍運阻斷，路局奉命限期修復路軌。無奈風陵渡遙望潼關，目標顯著，敵方一見行動，立即砲轟，路局急迫，無計可施。隴海鐵路軍運指揮官周嘯潮命軍站司令張英仲與警務段長王儉持函上山求助。先生應允，當晚即打坐祈求無形顯化。李玉階封靈太靈殿主、忠字主宰威靈妙道顯佑真君等上崑崙山向鴻鈞老祖、性空祖師求援。次日黎明，果見漫天濃霧，敵砲因失去目標，潼關鐵橋得以如期搶通，軍車全數東行增援。

抗戰勝利還都後，李玉階即返上海，若有預感，始終覺得上海非安定之所，遂於民國37年秋攜眷來台，並語告潘公展等人，上海絕非樂土，並預言大陸難保，台灣才是中國最後的反共基地。

並宣稱：台員雖小，但為民族命脈所繫，民國正朔所寄，民心之所望，民命之所託，天命仍在蔣中正必將復起。證之這一段史實，果有先知之明。

三、李玉階致鄧小平第一封信的主要內容

李玉階為什麼要寫信給鄧小平？這可以從兩方面去追述：一是出於宗教家的關係；二是作為知識分子的使命感。

早在民國36年國共內鬥時期，李玉階便聯合王曉賴、蔣維喬、丁福保、天慧等七十餘名宗教人士，共同發起「宗教徒和平建國大

同盟」，並在《申報》刊登下文，以呼籲國共攜手和平建國：

　　吾人無濃厚之政治興趣，亦不擬在任何時間與環境中為個人利益，從事政權之爭。惟遠在抗戰時期，吾人已飽受客觀事實之啟示，深知宗教家利他精神之有力表現，不能完全超出政治之外，乃開始籌組同盟，以為團結宗教力量，促成開明政治之準備。近年國內外局面，已漸趨於險惡，而殘酷無比之內戰，更將毀滅人民，毀滅國家，甚至擴大蔓延，毀滅世界。若不集結各宗教人士，共同呼籲和平，改變此政治上之危險傾向，不僅人類繁榮康樂之遠景，成為海市蜃樓，即各宗教救世之目的，亦永遠無由達到。因此，吾人組同盟之理由，實至簡單，一為迅速有效的爭取和平，一為合力同心的協助建國。

　　作為一個傳統知識分子，李玉階亦有一番書生報國的崇高理想。文中自述說：

　　我是一個歷經憂患，自始窮究天人之學的中國傳統知識分子。我熱愛中華民族文化的真諦，我希望中國富強、和平、統一。我更祈禱中國人能生活在自由、民主、繁榮、無虞匱乏、無須恐懼的自己國家，並有尊嚴屹立於國際社會中，不為時代潮流所淹滅。我以書生報國的積極作為，在台灣辦報時期主張：一、新聞自由是人權的基本；二、解除一切對學術思想及言論自由的限制；三、促使強大在野力量的團結，以發揮監督制衡的功用，符合民主政治之常軌；四、啟用非常之人才，以應非常之變局。

　　基於這兩種想法，1991年1月15日，李玉階給鄧小平寫了第一封信，是年91歲，鄧小平是年87歲。原信甚長，無法全錄，但有幾個重點，可以說明如下：

　　1.對台灣現況的剖析
　　（1）台灣前途絕對樂觀，直至第三次世界大戰結束，台灣始

終可確保為中國之自由樂土與世界之桃源。

（2）台灣將為國際經濟重心：四十年來，以一個資源貧乏的小島，台灣的經濟繁榮不但成為世界經濟大國，且為國際矚目的重心。

（3）天命仍在蔣公，一定能繼續領導，確保台灣。

2. 對中共「一國兩制」的評論

中共希望以「一國兩制」模式構想對台灣「和平統一」，又一再表示不排除武力，威逼台灣和談，實非澈底解決兩岸和平統一之道。台灣有良好的制度與成就，相信島上二千萬同胞絕對會反抗中共對台灣的和平兼併或武力侵犯，尤不願屈從中華人民共和國「一國兩制」下之特區。如果中共對台真要用武，全島人士必然寧為玉碎，縱然主張「台灣獨立」的同胞，也會全力迎戰自衛鄉土，與海島共存亡。手足相殘結果，勢必兩敗俱傷，造成整個中華民族一場大劫數、大災難、大悲劇。

3. 對鄧小平的期望

先生得天獨厚，飽經憂患，在文化大革命時期，得能出生入死，應時代需要，為各方擁戴，順民之慾，經過十年積極經濟改革，大陸人民生活已有相當程度的提升。

先生為中共大家長，心存國家民族，超然於權勢名位之外，故能為老、中、青三代所推崇，無形中指導全黨，實為中外古今歷史上不可多得之人傑，正可做出一番驚天動地轟轟烈烈之空前的大事業來，深願天佑先生承受天命，在九十歲前旋轉乾坤，儘速促進對兩岸和平統一問題善意回應，採取主動，說服有發言權的幾位保守老一輩同志，應為民族前途及十一億以上同胞前途，以及為中共領導階層子子孫孫打算，必須拋棄成見，化解過去歷史恩怨情結，

迅速恢復國共雙方歷史感情，放下意識形態的堅持，以有利於兩岸同胞的實務為基礎，為人民福祉、民族前途及國家統一設想。首由雙方結合其他各黨派開誠會談，再由兩邊政府代表協商統一時間程序，在合情合理的條件下，參考德國經驗，重新制訂新憲法，重立新國號，共建一個民主、政治、均富、和平、繁榮、合乎天意人願的現代新中國，達成黃冑一統，開創未來光明新局面，迎接即將來到的中國人的二十一世紀。

根據李玉階長子李子戈教授的口述及相關資料得知，鄧小平在國共鬥爭時期就已經知道涵靜老人，而且因其曾大力輔佐宋子文進行財稅改革及籌措，所以早就將他列入共產黨的暗殺名單中。據稱，鄧小平獲得此信之後，曾慎重地將之公布於中共各有關單位幹部閱讀，問題是，鄧小平此時正主張對台灣採「一國兩制」，而李玉階的信中彈的雖是中國中及統一的調子，卻主張「參考德國經驗，重新制訂新憲法，重立新國號」等超乎鄧小平能力所及的作法，故無回應，實乃理所當然之事。

四、李玉階致鄧小平的第二封信

1992年1月18日至2月21日之間，鄧小平在視察武昌、深圳、珠海、廣州、上海之後，發表重要的「南巡講話」，鼓吹「計劃經濟不等於社會主義，資本主義野有計劃；市場經濟不等於資本主義，社會主義也有市場。計劃和市場都是經濟手段。」此與李玉階的想法不謀而合，乃於同年6月15日，透過大陸自由鬥士李懷之，經由全國人大委員場喬石，交給鄧小平第二封信。

此信強調的內容有五點：

1. 確信公元九十年代是中華民族炎黃子孫積極促成中國真正和平統一的關鍵年代。

2. 大陸實驗共產主義，台灣實行三民主義。所謂「中國特色的社會主義」，實與三民主義有異曲同工之處。

3. 經過四十多年事實證明，三民主義應屬適合中國人的溫和的社會主義。兩岸領導者面對世界潮流，自應化除敵意，亟謀和平統一。

4. 中共一直以「一國兩制」並同時表示對台決不排除使用武力，以威逼台灣和談，實非達成兩岸真正和平之道。一旦中共對台動武，全島人民必然起來迎戰，保衛鄉土與海島共存亡，其結果必造成中華民族一場大浩劫、大災難、大悲劇。此當非鄧小平所樂見。

5. 希望鄧小平化解國共兩黨間歷史仇恨，消滅子孫互相報復心理，為中華民族前途與中國十一億以上同胞（包括台灣二千萬同胞）的命運著想，旋乾轉坤對統一大業做出一件驚天動地大事，開創中國未來光明前途。

此信與第一信的內容大同小異，尤其第一信的第二、三兩點和第二信的第四、五兩點幾乎沒有兩樣，只是內容的再重複與論述的再強調而已。

綜合此兩信的主旨，李玉階呼籲鄧小平正視台灣實行三民主義之下的各項奇蹟，懇切告訴大陸領導人應順民意承天命，以中華民族存亡為念，誠心對話溝通，積極推動大陸經濟及宗教改革，作為兩岸和平共處，繼而走向國際、走向尊嚴的新中國氣象。

（資料來源：請參照書末之主要參考書目）

迢迢密使路：穿梭兩岸密使群像

第十六章：李登輝密使曾永賢的
北京任務

一、密使傳聞不斷

兩岸密使傳聞不斷，從兩蔣時代到李登輝時期，國共之間即傳有密使穿梭，奉命為兩岸當局傳遞訊息。在李登輝掌權時期，一方面有蘇志誠、鄭淑敏等充當密使，雖然「絕密檔案」尚未完全曝光，但脈絡與曲折過程已現，讀者可參閱本書第十三、十四兩章，大致已有輪廓浮現。

最近出版的《波濤滾滾》一書，則透露蘇志誠與曾慶紅兩人是指揮調度的核心樞紐，而實際執行任務的尚有由兩岸當局指定的小組負責，台灣由曾永賢、張榮豐主導，大陸則由統戰聯絡部長葉選寧負責。曾、葉兩人扮演兩岸的「聯絡窗口」。葉選寧曾參與中央對台領導小組，中將軍銜，係十大元帥葉劍英之子，前政協副主席葉選平的胞弟。

由於兩岸長期對峙，派遣密使祕密溝通，事涉敏感，雙方均以機密方式進行。工作層級的溝通管道，從1990年代初期，運作到1999年李登輝提出「特殊的國與國關係」而告終。在為期近十年的溝通過程，兩岸密使曾在港澳、日本、越南、泰國進行接觸，台方參與人員除曾永賢、張榮豐外[1]，後期又增加張榮恭[2]等人；陸方參

與溝通任務者，則有解放軍統戰聯絡部大校常燕生等軍情官員。

二、曾永安、曾永賢兄弟

提到曾永賢，不能不先介紹他的胞兄曾永安。曾永安（一度化名曾子平），苗栗客家人，1930年苗栗第一公學校高等科畢業後前往日本留學，曾就讀東京中野中學，考取早稻田大學政治經濟學部，並曾加入日本共產黨。1950年從日本前往中國發展。曾永安自認是「左派的民族主義者」，在日本時期就認為延安才能夠真正代表中國人民的利益，後來，因緣際會，具日本共產黨員身分的曾永安果然成為日共與中共溝通的重要成員。曾永安在大陸的子女親人，後來更成為兩岸密使的重要「牽線人」。

據曾永賢回憶，早年在日本的台灣留學生中，有兩位加入重建後的日本共產黨，成為日共的外籍黨員，並與日共高層關係密切，備受倚重。一位是楊春松，一位便是他的二哥曾永安。二戰結束後，他們兄弟二人商談是否回到已經脫離日本殖民統治的台灣工作。但曾永安並不想回到國民黨政府統治的台灣，而決意前往共產黨建立的新中國發展。

兄弟二人於是各奔前程。曾永安協助日共總書記避居北京後留在天津工作，並參加重建天津台盟，直到文革後病逝大陸，兄弟兩人再也沒有見過面。深受左派思潮影響的曾永賢回到台灣加入台共，遭當局逮捕。曾永賢自認是位職業革命家，服膺馬克思主義，希望藉革命改造台灣社會。被捕之後安排到調查局工作，從科員幹起，後來派到第二處，從事匪情研究，成為中國問題專家，負責中國、日本的外交工作。因為提供總統府的情報不錯，受到李登輝的賞識，在調查局退休後，被延攬進入總統府工作，先後出任國統會研究委員、總統府國策顧問、資政等要職，成為李登輝的重要

智囊。

三、密會「玉泉山九號樓」

　　1992年，北京玉泉山的軍委招待所來了一批特殊的「台灣訪客」。統籌中共軍方對台情報工作的統戰聯絡部長葉選寧，在他父親葉劍英元帥當年的玉泉山官邸，接待來自台灣的總統府國策顧問、李登輝總統指派的溝通密使曾永賢等人。這位著名的太子黨、傳奇獨臂將軍，對首次抵達北京密訪的曾永賢說：「兩岸問題在老一輩都在的時候比較好談，如果您哥哥曾永安不要那麼早過世就好了，兩岸問題現在就你們兄弟來談了！」據稱，在中國政局處於動盪的「四人幫時期」，於「玉泉山九號樓」召開的中央政治局緊急會議，從1976年的9月7日晚10時，一直開到翌日清晨4時多，歷時六個多小時才結束。葉劍英是主導粉碎「四人幫」的最關鍵力量，葉的官邸儼然成為當時最高政治權力的指揮所，傳達黨中央粉碎「四人幫」反革命集團事件及中央政治局緊急會議各項決定的最高司令部。

　　曾永賢與葉選寧等擔任密使溝通任務的兩岸國安幕僚，首次在北京交手的歷史聚會，就安排在這個「歷史現場」舉行。曾永賢等人所執行的任務，與前述蘇志誠等人的角色並不相同。蘇志誠與曾慶紅在傳達最高當局的治國理念，其角色可定位為兩岸領導人的「特使」或「私人代表」，而以曾永賢所負責的任務，則是與中共的幕僚進行政策理念的實質溝通，包括台灣修憲終結「動員戡亂」，規劃舉行新加坡「辜汪會談」，兩岸合組國際運輸公司處理航運業務等倡議案，都曾是兩岸密使小組預先溝通對話的重要議題。

四、「安陽專案」小組

　　兩岸當局所授權的祕密溝通，對兩岸互相了解與政策認知，即俗稱「相互摸底」的溝通對話，對後續政策的規劃與擬定，確曾發揮正面效應。上世紀90年代初期，由國安核心幕僚組成的「安陽專案」小組（包括參與祕密溝通任務人員、國安會諮詢委員），即曾就兩岸情勢演變，定期向李登輝總統提出短程、中程與長程的兩岸情勢研判與解析，做為制訂重大政策或發表政治談話的參考。

　　以下舉幾個實例作為說明。

　　1992年11月12日，「安陽專案」小組成員在向李登輝報告有關《1995年至1997年兩岸中長程發展情勢研析報告》時，即曾研判中共當局可能會在這段期間提出「兩岸終止敵對狀態的談判」、「兩岸高層互訪」、「台灣參與國際組織的活動」等政治談判議題。果然，1995年1月30日江澤民發表「江八點」[3]，幾乎有半數的政策議題都在該小組的預測範疇。

　　1995年11月8日，「安陽專案」小組再度針對隔年台灣舉行首次總統直接民選期間，有關解放軍的動態，向李登輝提出彙報。該小組推測，解放軍採取的干擾包括：騷擾金馬外島、對台進行「非暴力性的軍事壓力」（軍演）、對台海水域進行導彈試射等。該小組並研判，解放軍極有可能在隔年3月5日，即台灣大選前兩週宣布對台實施軍事演習，精確無比地掌握解放軍的軍事動態。

　　1996年12月30日，「安陽專案」針對香港主權回歸中國後的台海情勢，與復談時機，再度向李登輝提出情勢分析，預測1997年底至1998年初，北京極有可能倡議兩岸復談。果然，1997年11月間，在兩岸仍處對峙階段，「一個中國」的爭議也仍未化解，但海協會

即主動邀約海基會副董事長兼秘書長焦仁和前往廈門參加研討會。
這項趨勢的發展完全符合「安陽專案」事前的預測。

五、監察院調查報告不了了之

李登輝時代的「密使案」，沸沸揚揚，經《中國時報》於2000
年7月19日率先披露部分內情後，監察院即根據立委舉發蘇志誠等
涉嫌將國家機密交付中國高級官員，違反「國安法」等規定一案，
由監委李伸一、康寧祥、林時機組成，展開調查。結果，監委列出
五項「調查要旨」：
1. 敵對國家祕密外交之運作機制及實際情況；
2. 兩岸密使之歷史真相；
3. 當年兩岸現實政治環境中，蘇志誠、鄭淑敏兩人穿梭其間所
   扮演之角色定位；
4. 蘇志誠、鄭淑敏兩人於擔任公務員期間穿梭兩岸，有無違反
   國家安全法、公務員服務法等相關規定；
5. 未來政府處理有關「密使案」之因應方案。
雖然監察委員職司糾彈權責，但在監察委員函請各機關調查函
覆各自主管業務後，各機關完全不配合。被點名的國安部門也虛應
故事，敷衍了事。在查覆監院的公文中，直接答稱：「因該事件非
該會議之執掌，該會議亦無從參與任何諮詢事宜，故該會議無法提
供資料。」
監察委員李伸一等組成的調查小組，亦曾訪談李登輝，李登輝
陳述的要點如下：
1. 蘇志誠當年擔任所謂密使，實屬偶然。因其認識南懷瑾，而
   南又與大陸方面重要人士有來往，因而促成兩岸交談，並

　　非自始即有計畫進行（避重就輕，淡化密使談判的政治意義）。

2. 蘇志誠擔任此工作，係代表本人，作為本人了解大陸現況之資訊管道（刻意淡化祕密談判的政治色彩）。

3. 蘇返國後向本人報告經過，本人認為有必要納入正式體制運作，展開兩岸正式之接觸，因此交予陸委會辦理，並促成「辜汪會談」。

　　監察院最後總結密使案的調查意見，共五條，具有特定政策「傾向性」。因李伸一、林時機、康寧祥等人都是李登輝提名的監察委員。尤其，康寧祥與李登輝互動密切。監委們臚列的調查處理意見，大致反映監委們「政治正確」的辦案態度，更可預測密使案無疾告終的最後結局。

註釋

1　　張榮豐，國立政治大學統計系學士、經濟所碩士、東亞所博士、國立台灣大學EMBA，曾任中華經濟研究院第一研究所研究員兼所長、國立台灣大學經濟系兼任教授、台灣戰略模擬學會秘書長，台灣跨足學術及政府兩域的知名學者。
　　　張榮豐以兩岸政治談判和經濟見長，在1988年蔣經國總統逝世後，李登輝總統對專家學者的招募廣納，於是加入總統府幕僚團成員，主要負責大陸政策的規劃。1996年台海危機，他進入國家統一委員會擔任研究委員，負責召集幕僚小組制訂應變計畫，此計畫即為後來「十八套劇本」。1999年擔任國家安全會議諮詢委員期間，他和蔡英文等台大、政大出身學者共同起草，即後來李登輝發表的「兩國論」。2003年擔任國家安全會議副秘書長，並獲贈二等景星勳章。張榮豐累積十多年的兩岸關係實務經驗，亦多次擔任密使前往中國大陸與中共人士（如葉劍英次子葉選寧、楊尚昆等人）密會，是李登輝政府的兩岸議題作戰官，被譽為「國家安全守護神」。曾在1981年以《我的卅年》獲得當年度聯合報文學獎散文獎。

2　　張榮恭，1950年1月1日出生，台北市人，輔仁大學法律系學士、國立政治大學東亞研究所法學碩士，曾任國民黨政策委員會副執行長兼大陸事務部主任。歷任中央社大陸新聞部編輯、《中央月刊》副總編輯、中央社大陸新聞部主任、輔仁大學講師、中央社副總編輯、中央社執行副總編輯、國民黨中央大陸研究工作會主任、國家統一委員會研究委員。

　　2004年12月下旬，張榮恭隻身到北京，探詢台商春節包機的可行性，在與大陸方面溝通後，張榮恭向連戰報告說，外界分析認為已經無望的春節包機，還有由國民黨出面重啟的希望，增加了國民黨公開宣布介入推動包機的信心。12月28日，張榮恭等在國民黨中央黨部召開記者會，正式宣布推動2005年台商春節包機。2005年1月9日，張榮恭再赴北京，就包機事宜與大陸方面及台商進行協商，會後正式啟動了2005年春節包機業務。29日，兩岸包機開始對飛，張榮恭特意趕赴廣州歡送台商登機。

　　首戰告捷後，4月18日，張榮恭等人赴北京，最後敲定了連戰訪問大陸的行程。26日，連戰終於前往大陸，一直在幕後促成此行的張榮恭，當連戰在南京演說完畢時悄悄拭去眼角的淚水：「我從李登輝時代，就推兩黨領導人互訪了」。

[3] 江八點內容如下：

（一）堅持一個中國的原則，是實現和平統一的基礎和前提。

（二）對於台灣同外國發展民間性經濟文化關係，我們不持異議。

（三）進行海峽兩岸和平統一談判，是我們的一貫主張。

（四）努力實現和平統一，中國人不打中國人。

（五）面向二十一世紀世界經濟的發展，要大力發展兩岸經濟交流與合作，以利於兩岸經濟共同繁榮，造福整個中華民族。

（六）中華各族兒女共同創造的五千年燦爛文化，始終是維繫全體中國人的精神紐帶，也是實現和平統一的一個重要基礎。

（七）兩千一百萬台灣同胞，不論是台灣省籍還是其他省籍，都是中國人，都是骨肉同胞、手足兄弟。

（八）我們歡迎台灣當局的領導人以適當身分前來訪問；我們也願意接受台灣方面的邀請，前往台灣。可以共商國是，也可以先就某些問題交換意見，就是相互走走看看，也是有益的。中國人的事我們自己辦，不需要借助任何國際場合。海峽咫尺，殷殷相望，總要有來有往，不能「老死不相往來」。

第十七章：陳建中北京行傳達的訊息

一、匪情專家陳建中

　　陳建中（1913-2008），號懷璞，陝西省富平縣人。上海大學社會系畢業，早歲即加入中國國民黨，致力革命，參加抗日。在大陸時期，負責省級黨政責任，並擔任西北《文化日報》社長，當選第一屆國民大會代表。來台之後，歷任中國國民黨中央第六組副主任、主任、第一組主任、中央委員、中央評議委員、國民大會主席團主席、國民大會秘書長等要職。與此同時，並任國防研究院講座、中國大陸問題研究所所長、政治大學研究所指導教授、中日關係研究會會長，創辦《日本研究》雜誌，標榜「放眼天下，認識日本」。又創辦《今日中國》雜誌，闡揚「接觸問題，尋根探源，取得共識」。

　　陳氏除研究中共問題著有成績以外，最為人稱道的，尚有主持對中共心理作戰機構，創辦中央廣播電台，並化名「陳志清」親臨韓國，策劃韓戰一萬四千多名反共義士來台。

　　陳建中曾是中共陝西省黨部委員，被捕後辦理自新才加入當時的中央統計局幹特務，可惜仕途升遷並不順利，原因是蔣介石時代，凡是具有共產黨背景的人，人事資料上多半會有「不得付予重任」的紀錄。直到第一屆國大代表選舉，特別是孫科與李宗仁競選

副總統時，陳建中以他的地緣關係，有效掌握了山西、陝西、甘肅等西北地區的國代，扮演了舉足輕重的角色，因而獲得蔣的信任和重用。

二、不尋常的北京之行

民國79年（1990）秋，陳建中時任國民大會祕書長，忽然決定赴大陸一行。對陳氏來說，這是一次十分不尋常的行動，因為海峽兩岸已經四十餘年不相往還，而陳本人過去又長期負責對大陸工作，一向被視為反共人物，身分極其敏感，許多極其特殊的因素，都不容許他貿然作此決定。

據陳建中的《懷璞隨筆》回憶，他此行的目的是私誼大於公事，最重要的是去探望他一位生死患難的老友，現任中共人民大會副委員長、名列中共八大元老之一的習仲勛（亦即習近平主席尊翁）。他們不僅是同鄉、同年、同庚，生日只差幾天，而且從小一起長大，還共過患難，雖然兩人已有半個世紀未曾相見，何況一直政治立場不同。按習仲勛曾任中央政治局常委副總理兼秘書長，並任西北華南總負責人。但在一次黨內「整風」，習仲勛與鄧小平皆曾「下放」。習一度被押到地方遭清算鬥爭，在礦區學習，其與陳建中的關係，亦被列為「罪狀」之一。其後再獲起用，曾擔任廣東及全國人大負責人，並被列為八大元老之一。

長久臥病的習仲勛，多次經人轉達想與老友一見。某日，國立政治大學前教務長荊知仁教授（他是山西人，也是大華技術學院董事）到訪，荊教授本患嚴重的氣喘病，赴北京協和醫院診治回來。見面時，他告訴陳建中說：「我在協和醫院遇到你的老朋友習仲勛，他的病似乎很重，他急切想和你見一面，越快越好，所以我提

前趕回來，請你儘速給他一個確切訊息。」

　　陳建中知道習在北京協和醫院後，即設法透過電話與他取得聯繫，果然他迫切希望陳馬上從香港轉機到北京相見。陳建中答應了，但必須先做一番安排。這是私誼。談到此，陳建中回憶一件往事。早在民國78年，大陸發生「六四」事件之後，他到新加坡訪問，過境香港回台時，中共消息十分靈通，知到他人在香港，立刻安排習仲勛從北京的醫院打電話來，彼此在電話中講了五、六分鐘，均泣不成語，習希望陳一定要到大陸一趟，談談過國共雙方的事。這期間多少也有公事。

　　藉私誼（探病）談公事（國共事），促成了陳建中的北京行。

三、感慨萬千話大陸行

　　事情決定後，陳建中向當時的李登輝總統報告，詳細說明了與習仲勛的過往交情與最近連絡狀況，有意前往與老友一見，以免留下終生遺憾，並徵求李登輝的意見。李登輝聽了高興的說：「以前老總統請您研究中共問題，他在世時有關大陸事務都尊重您的意見。您就辛苦一趟，藉便去瞭解一下大陸情況。」在一旁的蔣彥士秘書長也同聲支持。翌日，蔣彥士秉承李總統的意思，贈送新台幣十萬元做為此行的旅費。接著，陳建中又分別與國民黨秘書長宋楚瑜和行政院長郝柏村以及陳立夫等人見面，聽取他們的意見。

　　為了保密不張揚，陳建中婉拒了與兩位國大代表王禹廷（甘肅籍）與李鴻超（陝西籍）和一位立法委員楊大乾共同組團前往的計畫。隨行只帶其長子陳西京和一位能隨時照顧的秘書施曙雯同行。習仲勛也託一位來自香港的美籍朋友叫沈心平代為安排行程。

　　民國79年10月12日，陳建中等一行出發，先在香港逗留一晚，

147

翌日再直飛北京，開始闊別四十年以來的破冰之旅。

四、與江澤民、楊尚昆一席談

　　陳建中與老友習仲勛久別重逢以及返陝西掃墓的一段過程，自是感傷動人不在話下，但這不是本文的重點，在此不贅述。

　　透過習仲勛的安排，陳建中與中共總書記江澤民有過會談。但談話內容，無論陳建中的《懷璞隨筆》或口述訪問都幾乎一筆帶過，沒有留下太多紀錄。

　　據陳建中追述，江澤民以黨的負責人談得很多，態度也非常誠懇。江澤民提到，希望陳能促使中國共產黨與中國國民黨恢復談判，也即所謂「第三次國共合作」。陳建中回應說，他是來探望老友的病，沒有特別任務。不過，他可以轉達對方的意思。但這件事先不要公開，彼此先接觸，經過抗戰時期的第二次國共合作，未來國共兩黨的合作已經有良好的基礎。早在出發前，陳立夫已推斷他們會提到國共關係，李登輝也表示，希望恢復雙方的關係，所以陳建中在心理上已有所準備，可謂胸有成竹。

　　陳建中也被安排在人民大會堂與國家主席楊尚昆見面，但會談的經過沒有留下一鱗半爪。陳建中只做了一個綜述，大致是：與北京各方面會談的要點，主要在國共鬥爭幾十年，經過第一次過共合作共同北伐，第二次經歷共同抗日。長期鬥爭後，應再合作，現在應當建設，不能互相再流血鬥爭，而到了「一笑泯恩仇」的時期了。大家應共同全力從事於對國家的建設做貢獻。

　　總結而言，陳建中此次北京行，尚停留在雙方各自表述的階段，陳氏是一位中共問題專家，長期偵察中共的動態，對中共有一定的認知和一貫的堅定立場。他認為統一是兩岸一致的期望，但彼

此對峙四十餘年，無論意識形態或各種觀點，都不是喊幾句口號就可溝通，尤其不能在宣傳上有以大吃小，以強凌弱，誰統誰或武力解決等渲染。他以為國事應取決於公意；談統一，很多實際的問題都必須先解決。中共要台灣放棄反共，則大陸應改變四個堅持。為國家前途，為時代需要，我們都應當往遠處看，從大處著想，讓中國真正走上民主、自由、繁榮、均富的社會。目前有兩件事情可以積極作為，一是加強經濟貿易，二是增進文化交流。透過生活的接觸，很自然可使一切順利發展。陳建中特別強調，世界上沒有任何一個列強願意看到中國統一，但他堅信，中國人一定有智慧、有能力解決自己的問題。

五、李登輝的冷回應

陳建中的北京之行是經過李登輝總統認可的。他回來之後也轉達了江澤民有意促成雙方來往，進行和平會談，並認真去推動。陳建中心中有個腹案，不管中共是好意或惡意，國民黨該是求之不得把這個關係建立起來。過去國民黨政府主張反共，打回大陸去，現在既然不可能，只能等待和平轉變，陳立夫也支持這樣的看法。

當時，鄭心雄（鄭介民之子）剛接任海工會，陳建中於是向李登輝建議由鄭心雄擔任我方代表，中共方面則由習仲勛或另外找人做代表，雙方建立互通的平台，再進一步擴大合作。

李登輝總統剛開始也表示同意，但過了幾天之後他突然召見陳建中，要把事情暫緩下來，他說他有一個人可以打通對方的關係。後來才知道，這個人就是南懷瑾，他透過蘇志誠到香港與大陸來客密談，這就是所謂上述「密使」的由來。

除兩岸有意進行和談，重彈「國共第三次合作」外，當時中

國國民黨正準備召開全國代表大會，陳立夫親自起草，領銜提出一個「援助大陸經濟建設方案」，獲得梁蕭戎、蕭錚、胡建中、蕭同茲等五、六十位老同志的連署簽名，主旨在從外匯中提撥一百億美金，參照中山先生的「實業計劃」，援助大陸，進行交通水利等重要經濟建設。

當時兩岸關係尚在尋尋覓覓的摸索當中。陳立夫等人所提的這個「援共一百億」計畫，確實有石破天驚的大膽與冒進，不要說李登輝不敢把它付之實現，而予以束之高閣，就是一般輿論和社會觀感也沒有支持的可能。

陳建中曾自我調侃，他自己不適合從事政治，因為他是陝西人。陝西人個性太直，太單純了。一生效忠於國家、效忠於中國國民黨，追隨老總統父子並受到信任和重用的陳建中，在擔任國民大會祕書長期間，也曾幫助李登輝高票選上總統（有人造謠用五億元買票）。當陳建中退職時，李登輝總統聘之為國策顧問，陳在聘書上加寫「不合本人身分」六個字，便將原件退回總統府。數日後，李登輝改聘他為資政，陳也終於欣然接受。這就是陝西人的直率個性。

（資料來源：請參照書末之主要參考書目）

附錄一：廖承志致蔣經國公開信

經國吾弟：

　　咫尺之隔，竟成海天之遙。南京匆匆一晤，瞬逾三十六載。幼時同袍，蘇京把晤，往事歷歷在目。惟長年未通音問，此誠憾事。近聞政躬違和，深為懸念。人過七旬，多有病痛。至盼善自珍攝。

　　三年以來，我黨一再倡議貴我兩黨舉行談判，同捐前嫌，共竟祖國統一大業。惟弟一再聲言「不接觸，不談判，不妥協」，余期期以為不可。世交深情，於公於私，理當進言，敬希詮察。

　　祖國和平統一，乃千秋功業。台灣終必回歸祖國，早日解決對各方有利。台灣同胞可安居樂業，兩岸各族人民可解骨肉分離之痛，在台諸前輩及大陸去台人員亦可各得其所，且有利於亞太地區局勢穩定和世界和平。吾弟嘗以「計利當計天下利，求名應求萬世名」自勉，倘能於吾弟手中成此偉業，必為舉國尊敬，億人推崇，功在國家，名留青史。所謂「罪人」之說，實相悖謬。局促東隅，終非久計。明若吾弟，自當了然。如遷延不決，或委之異日，不僅徒生困擾，吾弟亦將難辭其咎。再者，和平統一純屬內政。外人巧語令色，意在圖我台灣，此世人所共知者。當斷不斷，必受其亂。願弟慎思。

　　孫先生手創之中國國民黨，歷盡艱辛，無數先烈前仆後繼，終於推翻帝制，建立民國。光輝業績，已成定論。國共兩度合作，均對國家民族做出巨大貢獻。首次合作，孫先生領導，吾輩雖幼，亦知一二。再次合作，老先生主其事，吾輩身在其中，應知梗概。

事雖經緯萬端，但縱觀全局，合則對國家有利，分則必傷民族元氣。今日吾弟在台主政，三次合作，大責難卸。雙方領導，同窗摰友，彼此相知，談之更易。所謂「投降」、「屈事」、「吃虧」、「上當」之說，實難苟同。評價歷史，展望未來，應天下為公，以國家民族利益為最高準則，何發黨私之論！至於「以三民主義統一中國」云云，識者皆以為太不現實，未免自欺欺人。三民主義之真諦，吾輩深知，毋須爭辯。所謂「台灣經濟繁榮，社會民主，民生樂利」等等，在台諸公，心中有數，亦毋庸贅言。誠為貴黨計，如能依時順勢，負起歷史責任，毅然和談，達成國家統一，則兩黨長期共存，互相監督，共圖振興中華之大業。否則，貪偏安之局，焉能自保。有識之士，慮已及此。事關國民黨興亡絕續，望弟再思。

近讀大作，有「切望父靈能回到家園與先人同在」之語，不勝感慨繫之。今老先生仍厝於慈湖，統一之後，即當遷安故土，或奉化，或南京，或盧山，以了吾弟孝心。吾弟近曾有言：「要把孝順的心，擴大為民族感情去敬愛民族，奉獻於國家。」誠哉斯言，何不實踐於統一大業！就國家民族而論，蔣氏兩代對歷史有所交代；就吾弟個人而言，可謂忠孝兩全。否則，吾弟身後事何以自了。尚望三思。

吾弟一生坎坷，決非命運安排，一切操之在己。千秋功罪，繫於一念之間。當今國際風雲變幻莫測，台灣上下眾議紛紜。歲月不居，來日苦短，夜長夢多，時不我與。盼弟善為抉擇，未雨綢繆。「寥廓海天，不歸何待！」

人到高年，愈加懷舊，如弟方便，余當束裝就道，前往台北探望，並面聆諸長輩教益。「度盡劫波兄弟在，相逢一笑泯恩仇」。遙望南天，不禁神馳，書不盡言，請希珍重，佇候復音。

老夫人前請代為問安。方良、緯國及諸侄不一。

順祝

近祺！

廖承志

一九八二年七月二十四日

附錄二：蔣夫人致承志世侄公開信

承志世侄：

　　七月廿四日致經國函，已在報章閱及。經國主政，負有對我中華民國賡續之職責，故其一再聲言「不接觸，不談判，不妥協」，乃是表達我中華民國、中華民族及中國國民黨浩然正氣使之然也。

　　余閱及世侄電函，本可一笑置之。但念及五十六七年前事，世侄尚屬稚年，此中真情肯綮，殊多隔閡。余與令尊仲愷先生及令堂廖夫人，曩昔在廣州大元帥府，得曾相識。嗣後，我總理在平病況阽危，甫值悍匪孫美瑤在臨城綁劫藍鋼車案後，津浦鐵路中斷，大沽口並已封港，乃只得與大姊孔夫人繞道買棹先至青島，由膠濟路北上轉平，時逢祁寒，車廂既無暖氣，又無膳食飲料，車上水喉均已冰凍，車到北平前門車站，周身既抖且僵。離滬時即知途程艱難，甚至何時或可否能如期到達目的地，均難逆料，而所以趕往者，乃與總理之感情，期能有所相助之處，更予二家姊孫夫人精神上之奧援。於此時期中，在鐵獅子胡同，與令堂朝夕相接，其足令余欽佩者，乃令堂對總理之三民主義，救國宏圖，娓娓道來，令余驚訝不已。蓋我國民黨黨人，固知推翻滿清，改革腐陳，大不乏人，但一位從未浸受西方教育之中國女子而能了解西方傳來之民主意識，在五十餘年前實所罕見。余認其為一位真正不可多得之三民主義信徒也。

　　令尊仲愷先生乃我黃埔軍校之黨代表，夫黃埔乃我總理因宅心仁恕，但經多次澆漓經驗，痛感投機分子之不可恃，決心手創此一

155

培養革命精銳武力之軍校，並將此尚待萌芽之革命軍人魂，交付二人，即是將校長之職，委予先總統，以灌輸革命思想，予黨代表委諸令尊，其遴選之審慎，自不待言。觀諸黃埔以後成效，如首先敉平陳炯明驍將林虎、洪兆麟後，得統一廣東。接著以北伐進度之神速，令國民革命軍軍譽鵲起，威震全國，猶憶在北伐軍總司令出發前夕，余與孫夫人、大兄子文先生等參加黃埔閱兵典禮，先總統向學生訓話時，再次稱廖黨代表對本黨之勳猷（此時廖先生已不幸遭兇物故，世侄雖未及冠，已能體會失怙之痛矣。）

再次言及仲愷先生對黃埔之貢獻時，先總統熱淚盈眶，其真摯慟心，形於詞色，聞之者莫不動容，諒今時尚存之當時黃埔學生，必尚能追憶及之。余認為仲愷先生始終是總理之忠實信徒，真如世侄所言，為人應「忠孝兩全」，倘謂仲愷先生乃喬裝為三民主義及總理之信徒，而實際上乃為潛伏國民黨內者，則豈非有虧忠貞？若仲愷先生矢心忠貞，則豈非世侄有虧孝道耶？若忠孝皆胸，則廖氏父子二代對歷史豈非茫然自失，將如何作交代耶？此意尚望三思。

再者在所謂「文化大革命」鬥臭、鬥垮時期，聞世侄亦被列入鬥爭對象，虎口餘生，亦云不幸之大幸，世侄或正以此認為聊可自慰。

日本讀賣新聞數年前報導，中共中央下令對全國二十九省市，進行歸納，總結出一「正式」統計數字，由一九六六年開始，到一九七六年十年之內，被迫害而死者有二千萬人，波及遭殃者至六億人。雲南省、內蒙古等地，有七十二萬七千名幹部遭到迫害，其中三萬四千人被害致死。

《北京日報》亦曾報導，北京市政府人員在「文革」中，就有一萬二千人被殺，共黨高層人物，如劉少奇、彭德懷、賀龍等人，均以充軍及飢餓方式迫死，彼等如九泉有知，對大量幹部自相殘

殺，豆萁相煎之手段，不知將作何想法？毛澤東老奸巨黠，為其個人之尊榮，使盡屠沽流寇作風，歷史將如何評判？須知嘉興南湖十二共黨首領中之陳公博、周佛海最後雖自毀個人歷史，均尚能漸悟蘇聯式共黨主義草菅人命，殘暴行為，正禍及全國，乃自動脫黨。三十餘年來，大陸生靈塗炭之鉅，尤甚於張獻忠、李自成數十百倍，未知世姪有動於衷乎？昔黃巢磔殺八百萬，聞者莫不咋舌，外人且以其較俄帝伊凡之畜生行為尤甚。今自共黨在大陸僭政以來，美國時代雜誌即曾統計其殺戮迫害而死者近五千萬生命，以此數額與全世界殺人魔王相比擬，彼等均有遜色，毛酋變本加厲，確如斯魔名言，「一人死可悲，千萬人死乃一統計。」世姪所道「外人巧言令色」，旨哉斯言！莫非世姪默詆奸邪之媚外乎！

　　相對言之，中華民國開國以還，除袁世凱之卑鄙覬覦野心失敗外，縱軍閥時代，亦莫敢竄改國號，中華民國自國民政府執政以還，始終以國父主義及愛國精神為基據，從未狎褻詆外，如將彼等巨像高懸全國，靈爽式憑，捧為所宗者。今天有正義感之猶太人尚唾棄其同宗之馬克斯，乃共黨竟奉之為神明，並以馬列主義為我中華民族之訓條，此正如郭沫若宣稱「斯太林是我的爸爸」，實無恥之尤，足令人作三日嘔。

　　國學大師章太炎為陳炯明撰墓誌，謂我總理聯俄容共鑄大錯，中國共黨曲解國父聯合世界上以平等待我民族之要旨，斷章取義，以國父容共一詞為護身符，因此諱言國父批牘墨蹟中曾親批「以時局誠如來書所言，日人眼光遠之人士，皆主結民黨，共維東亞大局；其眼光短少之野心家，則另有肺腑也；現在民黨，係聯日為態度。」此一批示顯見：（一）總理睿知，已洞察日本某些野心家將來之企圖；（二）批示所書「現在」民黨當以聯日為態度，所言亦即謂一切依國家之需要而定。聯日聯俄，均以當時平等待我為準繩。當時日本有助我之同情心，故總理乃以革命成功為先著，再者

157

毋忘黃花崗七十二烈士中，有對中山先生肝膽相照之日本信徒為我
革命而犧牲者。世侄在萬籟俱寂時，諒亦曾自忖一生，波劫重重，
在抗戰前後，若非先總統懷仁念舊，則世侄何能脫囹圄之厄，生命
之憂，致尚冀「三次合作」，豈非夢囈？又豈不明黃台之瓜不堪三
摘之至理耶？

　　此時大陸山頭主義更為猖獗，貪污普遍，賄賂公行，特權階級
包庇徇私，萋萋疊聞；「走後門」之為也牲牲皆是，禍在蕭牆，是
不待言，敏若世侄，抑有思及終生為蟒螫所利用，隨時領導一更，
政策亦變，且夕為危，終將不免否？過去毛酋秉權，一日數驚，鬥
爭侮辱，酷刑處死，任其擺佈，人權尊嚴，悉數蕩盡，然若能幡帶
自珍，幡然來歸，以承父志，澹泊改觀，養頤天年，或能予以參加
建國工作之機會。倘執迷不醒，他日光復大陸，則諸君仍可冉冉超
生，若願欣賞雪竇風光，亦決不必削髮，以淨餘劫，回頭是岸，願
捫心自問。款款之誠，書不盡臆。

　　順祝　安謐

蔣宋美齡

一九八二年八月十七日

主要參考書目

一、專著

1. 丁言昭，《曹聚仁：微生有筆月如刀》，上海教育出版社，1999。

2. 中共中央文獻研究室編，《周恩來年譜，1949-1976》，中央文獻出版社，1997。

3. 中共中央文獻研究室編，《周恩來傳》，第3冊，北京：中央文獻出版社，1998。

4. 中國現代史辭典編輯委員會編，《中國現代史辭典：人物部分》，近代中國出版社，1985。

5. 中國新聞社編，《廖公在人間》，香港三聯書店，1983。

6. 尹衍樑口述，張殿文、郭議鴻撰文，《尹教授的10堂課：興學興人的神隱總裁》，今周刊，2013。

7. 方鵬程，《如瑜得水：影響宋楚瑜一生的人》，商周出版，2013。

8. 日本研究雜誌社，《彩繪人生八十年——陳建中先生八秩華誕文集》，1992。

9. 王世杰著，林美莉編輯校訂，《王世杰日記》，下冊，中央研究院近代史研究所，2012。

10. 王作榮，《與登輝老友話家常》，天下文化，2003。

11. 王俊彥，《廖承志傳》，人民出版社，2006。

12. 王國平，《南懷瑾的最後100天》，橡樹林文化，2015

13. 王銘義，《波濤滾滾：1986-2015兩岸談判30年關鍵秘辛》，台北：時報出版，2016。

14. 白吉庵，《章士釗傳》，作家出版社，2004。

15. 石之瑜編，《寧靜致遠‧美麗人生——沈昌煥先生紀念文集》，2011。

16. 江才健，《規範與對稱之美——楊振寧傳》，天下文化，2002。

17. 何炳棣，《讀史閱世六十年》，允晨公司，2004。

18. 吳學文、王俊彥，《廖承志與日本》，中共黨史出版社，2007。

19. 李玉階，《天聲人語》，中華民國宗教哲學研究社，1980。

20. 李立，《目擊台海風雲》，北京華藝出版社，2005。

21. 李立，《國民黨浮沉台灣：從蔣氏父子到連戰馬英九》，上冊，台海出版社，2008。

22. 李光耀，《李光耀回憶錄》，世界書局，2000。

23. 李光耀，《李光耀觀天下》，天下文化，2014。

24. 李勇，《曹聚仁研究》，貴州人民出版社，1991。

25. 李政道，《李政道文錄》，浙江文藝出版社，1999。

26. 李偉，《曹聚仁傳》，河南人民出版社，2004。

27. 李登輝、中嶋嶺雄著，駱文森、楊明珠譯，《亞洲的智略》，遠流，2000。

28. 李榮德，《廖承志和他的一家》，瀋陽春風文藝出版社，1998。

29. 沈誠，《兩岸密使祕聞錄》，台北：商周文化公司，1995。

30. 谷正文口述，公小穎主編，《白色恐怖祕密檔案》，獨家出版社，1995。

31. 周天瑞、郭宏治，《沈誠：我替楊尚昆傳信給蔣經國——海峽兩岸一段祕密交往的真相》，台北：新新聞文化公司，1995。

32. 周瑞全、張耀偉編著，《南懷瑾：一代大師未遠行》，風雲年代，

2015。

33. 邵玉銘，《此生不渝：我的台灣、美國、大陸歲月》，聯經，2013。

34. 邱進益，《我和新加坡的情緣》，台北商務，2010年。

35. 芮正皋，《劫後餘生——外交官漫談「結緣人生」》，三民書局，2014。

36. 星雲大師，《百年佛緣》，國史館，2012。

37. 星雲大師，《佛光菜根譚》，香海文化，2007。

38. 星雲大師，《迷悟之間》，香海文化，2002。

39. 郁慕明口述，蕭衡倩、羊曉東著，《高手過招：郁慕明笑談九十政治明星》，天下文化，2001。

40. 高文閣主編，《台灣與大陸風雲四十年》，吉林文史出版社，1991。

41. 曹聚仁，《蔣經國論》，台北：一橋出版社，1997。

42. 符芝瑛，《傳燈——星雲大師傳》，天下文化，1995。

43. 許家屯，《許家屯香港回憶錄》，聯經出版，1993。

44. 陳方正，〈編者序〉，收入氏編，《陳克文日記，1937-1952》，上冊，中央研究院近代史研究所出版，2012。

45. 陳建中，《懷璞隨筆》，作者自印。

46. 陳建中口述，《陳建中先生口述訪問紀錄》，近史所未刊稿。

47. 陳香梅，《一千個春天》，傳記文學，1993。

48. 陳香梅，《風雲際會：陳香梅回憶錄I》，未來書城，2002。

49. 陳香梅，《繼往開來：陳香梅回憶錄II》，未來書城，2002。

50. 陳書良，《寂寞秋桐——章士釗別傳》，長春出版社，1999。

51. 陸鏗，《陸鏗回憶與懺悔錄》，時報公司，1997。

52. 陸鏗，《陸鏗看兩岸》，遠景出版，1996。

53. 章含之，〈前言〉，《章士釗全集》，第1冊，文匯出版社，2000。

54. 曾永賢口述，張炎憲、許瑞浩訪問，《從左到右六十年：曾永賢先生訪談錄》，台北：國史館，2009。

55. 程思遠主編，《中國國民黨百年風雲錄》，中冊，延邊大學出版社，1994。

56. 黃光芹，《我的爸爸是總統》，博揚文化，2015。

57. 黃修榮，《國共關係史》，下卷，廣東教育出版社，2002。

58. 黃崇修，〈三民主義基礎下的「中華邦聯」構想——以涵靜老人寫給鄧小平先生的兩封信為視點〉，「傳承與創新：紀念國父孫中山先生150歲誕辰」國際學術研討會論文集，2015年11月12-13日。

59. 黃越宏，《態度——鄭淑敏的人生筆記》，平安文化，2001。

60. 黃新生，《黑手與密使的故事》，京大出版社，2002。

61. 楊力宇，《有容乃大：連戰從學者到閣揆之路》，台北：商周文化，1996。

62. 楊建鄴，《楊振寧傳》，香港三聯書店，2012。

63. 楊振寧主講，《楊振寧談中國之行》，香港七十年代，1971。

64. 賈毅、賈維整理，《半生風雨錄——賈亦斌回憶錄》，中國文史出版社，2011。

65. 鄒小站，《章士釗傳》，河南文藝出版社，1999。

66. 鄒景雯，《風雲劉泰英》，四方公司，2002。

67. 鄒景雯，《傳略蘇志誠》，四方公司，2002。

68. 鄒景雯採訪紀錄，《李登輝執政告白實錄》，印刻出版，2001。

69. 趙浩生，《中國學人在美國》，傳記文學出版社，1969。

70. 劉文星編，《李玉階先生年譜長編》，帝教出版社，2001。

71. 劉紹唐主編，《民國人物小傳》，第13冊，傳記文學出版社，1992。

72. 劉紹唐主編，《民國人物小傳》，第2冊，傳記文學出版社，1977。

73. 劉紹唐主編，《民國人物小傳》，第6冊。

74. 劉衛林編著，《國共對話祕錄，1949-1979》，台北：靈活文化公司，2006。

75. 盧敦基、周靜，《自由報人——曹聚仁傳》，浙江人民出版社，

2003。

76. 韓戾軍，〈回眸青桐〉序，劉鳳橋，《章士釗師友翰墨》，萬卷出版公司，2005。

77. 關國煊，〈廖承志傳〉，劉紹唐主編，《民國人物小傳》，第8冊，傳記文學出版社，1987。

78. 蘇起，《兩岸波濤二十年紀實》，天下文化，2014。

二、期刊報紙

1. 王丰，〈懷想蔣鄧的祕密接觸〉，《中國時報》，2014年5月25日。

2. 江才健，〈楊振寧去來中國情〉，《遠見雜誌》，第196、197期。

3. 李明賢報導，〈楊力宇：馬總統應以黨主席身分訪陸〉，《中國時報》，2014年11月9日。

4. 李許念婉初稿，萬賡年校編，〈蔣經國密使李次白到上海與陳毅談和〉，《傳記文學》，第72卷第4期。

5. 沈大川，〈習近平的「任務編組」〉，《僑協雜誌》，第157期（2016年3月），頁44-47。

6. 青石，〈1950年解放台灣計劃擱淺的幕後〉，《百年潮》，創刊號，1997。

7. 記者賴錦宏、林新輝專訪報導，〈南懷瑾學問跨兩岸　影響入九流〉，《聯合報》，2012年10月1日，A8版。

8. 陳立夫，〈追念廖仲愷先烈〉，附載：〈蔣宋美齡給廖承志的公開信〉，《傳記文學》，第41卷第3期。

9. 陸鏗，〈胡耀邦訪問紀〉，《百姓》半月刊，1985。

10. 楊力宇，〈中國、台灣與香港──鄧小平談中國之統一〉，《廣角鏡》，1983年8月號。

11. 魏承思，〈李登輝時代的兩岸九度密談實錄〉，《商業周刊》，第661期（2000年7月24日至7月30日），頁60-82。

12. 魏承思，〈南懷瑾給李登輝三個錦囊妙計〉，《商業周刊》，第661期（2000年7月24日至7月30日），頁84-87。

作者著作目錄

一、專著

1. 《近代外交史論集》，台北：學海出版社，1977年7月，246頁。

2. 《現代法國問題論集》，台北：學海出版社，1977年10月，236頁。

3. 《國民革命與臺灣》，台北：近代中國出版社，1980年10月，253頁。

4. 《中國國民黨與臺灣》，台北：中央文物供應社，1985年2月，202頁。

5. 《華工與歐戰》，台北：中央研究院近代史研究所，專刊（52），1986年6月，257頁。民國94年8月再版，257頁。

6. 《勤工儉學的發展》，台北：東大圖書公司，滄海叢刊，1988年4月，228頁。

7. 《臺灣近代史事與人物》，台北：商務印書館，岫廬文庫（104），1988年7月，280頁。民國97年再版。

8. 《近代中法關係史論》，台北：三民書局，大雅叢刊，1994年1月，306頁。

9. 《近代中國變局下的上海》，台北：東大圖書公司，滄海叢刊，1996年8月，280頁。

10. 《中山先生與法國》，台北：台灣書店，2002年12月，中山學術文化基金會叢書，217頁。

11. 《中山先生與美國》，台北：學生書局，2005年1月，中山學術文化基金會叢書，215頁。

12. 《舵手與菁英——近現代中國史研究論叢》，台北：秀威資訊，2008年7月，448頁。

13. 《中國躍向世界舞台——從參加歐戰到出席巴黎和會》，台北：秀威資訊，2009年7月，224頁。

14. 《四分溪畔讀史》，台北：秀威資訊，2011年3月，250頁。

15. 《輕舟已過萬重山——書寫兩岸史學交流》，北京：社會科學文獻出版社，2011年8月，220頁。

16. 《華工與歐戰》，長沙：岳麓書社，2013年1月，235頁。

17. 《旅歐教育運動：民初融合世界學術的理想》，台北：秀威資訊，2013年4月，274頁。

18. 《四分溪畔論史》，北京：九州出版社，2013年4月，393頁。

二、合著

1. 《鄭成功全傳》（與王曾才等合著），台北：台灣史蹟研究中心，1979年6月，495頁。

2. 《中國的臺灣》（與陳奇祿等合著），台北：中央文物供應社，1980年11月，386頁。

3. 《人類的歷史》（與吳圳義、莊尚武合著），台北：國立空中大學，1987年3-5月，上冊，386頁；下冊，372頁。

4. 《近代中國青年運動史》（與李國祁等合著），台北：嵩山出版社，民國1990年7月，389頁。

5. The Guomindang in Europe: A Sourcebook of Documents, co-author with Marilyn A. Levine, Institute of East Asian Studies, University of Berkeley, CRM52, 2000, 303p.

三、編著

1. 《勤工儉學運動》，台北：正中書局，1981年11月，706頁。

2. 《台北市發展史》，台北：台北市文獻委員會，1981-1983年，第一冊，947頁；第二冊，1052頁；第三冊，1214頁；第四冊，1252頁。

3. 《羅浮博物館——世界博物館之十》，台北：出版家文化公司，1982年11月，190頁。

4. 《六十年來的中國近代史研究》（與朱浤源、呂芳上合編），台北：中央研究院近代史研究所，特刊（1），上冊，1988年6月，438頁；下冊，1989年6月，453頁。

5. 《中國文明的精神》（三冊）（與王壽南等合編），台北：廣播電視事業發展基金會，1990年7月，1050頁。

6. 《廿世紀中國全記錄》（與王爾敏等共同審定），台北：錦繡出版，1990年9月，1304頁。

7. 《先民的足跡——古地圖話臺灣滄桑史》（中文校訂），比利時Mappamundi、台北南天出版社，160頁。

8. 《郭廷以先生九秩誕辰紀念論文集》（二冊），台北：中央研究院近代史研究所，特刊（2），1995年2月，上冊，398頁；下冊，410頁。

9. 《走過憂患的歲月——近史所的故事》，台北：中央研究院近代史研究所，特刊（4），1995年2月，247頁。

10. 《旅歐教育運動》，台北：中央研究院近代史研究所，1996年5月，123頁

11. 《歐戰華工史料》（與呂芳上、楊翠華合編），台北：中央研究院近代史研究所，中國近代史資料彙編，1997年6月，868頁。

12. 《華僑與孫中山領導的國民革命學術研討會論文集》（與張希哲合

編），台北：國史館，1997年8月，646頁。

13. 《居正先生全集》上、中、下三冊（與居蜜合編），台北：中央研究院近代史研究所，史料叢刊（40），1998年6月－2000年10月，上冊421頁、中冊1104頁、下冊876頁。

14. 《加拿大華工訂約史料（1906-1928）》，台北：中央研究院近代史研究所，中國近代史資料彙編，1998年6月，722頁。

15. 《近代中國婦女運動史》，台北：近代中國出版社，2000年12月，664頁。

16. 《中華民國外交志》（與劉達人、周煦聯合主編），台北：國史館，2002年12月，全一冊，1115頁。

17. 《民初旅歐教育運動史料選編》，台北：秀威資訊，2014年6月，504頁。

18. 《吳鐵城重要史料選編》，華僑協會華僑華人叢書之七，華僑協會總會、中國國民黨文化傳播委員會黨史館編，2015年10月，上下二冊，792頁。

19. 《串起五大洲的彩鑽：僑協成立分會實錄》，華僑協會總會「再造會史‧鮮活記憶」叢書之一，2016年2月，上下二冊，728頁。

20. 《揮舞團結的大旗：僑協全球聯誼大會實錄》，華僑協會總會「再造會史‧鮮活記憶」叢書之二，2016年2月，200頁。

21. 《春江水暖我先知：僑協兩岸交流實錄》，華僑協會總會「再造會史‧鮮活記憶」叢書之三，2016年3月，360頁。

22. 《人間有情多歡樂：會員聯誼活動剪影》，華僑協會總會「再造會史‧鮮活記憶」叢書之四，2016年4月。

23. 《學海無涯：我們的研究活動》，華僑協會總會「再造會史‧鮮活記憶」叢書之五，2016年4月。

四、雜著

1. 《法國漫談》，台中藍燈公司，1976年12月，237頁。
2. 《學術的變形》，台中藍燈公司，1979年1月，194頁。
3. 《走過的歲月——一個治史者的心路歷程》，秀威世紀映像叢書13，2007年5月，195頁。
4. 《青史留痕——一個台灣學者的大陸之旅》，秀威世紀映像叢書18，2007年7月，226頁。
5. 《法蘭西驚艷》，秀威世紀映像叢書33，2008年1月，186頁。

Do觀點44　PC0633

迢迢密使路：

穿梭兩岸密使群像

作　　者／陳三井
責任編輯／洪仕翰
圖文排版／周政緯
封面設計／蔡瑋筠

出版策劃／獨立作家
發 行 人／宋政坤
法律顧問／毛國樑　律師
製作發行／秀威資訊科技股份有限公司
　　　　　地址：114 台北市內湖區瑞光路76巷65號1樓
　　　　　電話：+886-2-2796-3638　傳真：+886-2-2796-1377
　　　　　服務信箱：service@showwe.com.tw
展售門市／國家書店【松江門市】
　　　　　地址：104 台北市中山區松江路209號1樓
　　　　　電話：+886-2-2518-0207　傳真：+886-2-2518-0778
網路訂購／秀威網路書店：https://store.showwe.tw
　　　　　國家網路書店：https://www.govbooks.com.tw

出版日期／2016年10月　BOD一版　定價／210元

|獨立|作家|
Independent Author

寫自己的故事，唱自己的歌

迢迢密使路：穿梭兩岸密使群像 / 陳三井著. --
一版. -- 臺北市：獨立作家, 2016.10
　　面；　公分
BOD版
ISBN 978-986-93402-8-1(平裝)

1. 兩岸關係　2. 文集

573.09　　　　　　　　　　　105016470

國家圖書館出版品預行編目

讀 者 回 函 卡

感謝您購買本書，為提升服務品質，請填妥以下資料，將讀者回函卡直接寄
回或傳真本公司，收到您的寶貴意見後，我們會收藏記錄及檢討，謝謝！
如您需要了解本公司最新出版書目、購書優惠或企劃活動，歡迎您上網查詢
或下載相關資料：http:// www.showwe.com.tw

您購買的書名：＿＿＿＿＿＿＿＿＿＿＿＿＿＿＿＿＿＿＿＿＿＿＿

出生日期：＿＿＿＿＿＿年＿＿＿＿＿＿月＿＿＿＿＿＿日

學歷：□高中 (含) 以下　　□大專　　□研究所 (含) 以上

職業：□製造業　□金融業　□資訊業　□軍警　□傳播業　□自由業
　　　□服務業　□公務員　□教職　　□學生　□家管　　□其它＿＿＿＿

購書地點：□網路書店　□實體書店　□書展　□郵購　□贈閱　□其他

您從何得知本書的消息？

　　□網路書店　□實體書店　□網路搜尋　□電子報　□書訊　□雜誌
　　□傳播媒體　□親友推薦　□網站推薦　□部落格　□其他＿＿＿＿＿＿

您對本書的評價：（請填代號　1.非常滿意　2.滿意　3.尚可　4.再改進）

　　封面設計＿＿＿　版面編排＿＿＿　內容＿＿＿　文／譯筆＿＿＿　價格＿＿＿

讀完書後您覺得：

　　□很有收穫　□有收穫　□收穫不多　□沒收穫

對我們的建議：＿＿＿＿＿＿＿＿＿＿＿＿＿＿＿＿＿＿＿＿＿＿＿

＿＿＿＿＿＿＿＿＿＿＿＿＿＿＿＿＿＿＿＿＿＿＿＿＿＿＿＿＿＿＿＿＿

＿＿＿＿＿＿＿＿＿＿＿＿＿＿＿＿＿＿＿＿＿＿＿＿＿＿＿＿＿＿＿＿＿

＿＿＿＿＿＿＿＿＿＿＿＿＿＿＿＿＿＿＿＿＿＿＿＿＿＿＿＿＿＿＿＿＿

11466
台北市內湖區瑞光路 76 巷 65 號 1 樓

獨立作家讀者服務部　　　　收

....

（請沿線對折寄回，謝謝！）

姓　　名：_____　年齡：_____　性別：□女　□男

郵遞區號：□□□□□

地　　址：_____

聯絡電話：(日) _____ (夜) _____

E-mail：_____